10·27 법난 40주년 시집

군화에 짓밟힌
법당

혜성慧惺 스님 지음

동쪽나라

10·27 법난 40주년 시집

군화에 짓밟힌
법당

1966년 3월 동국대학교 불교학 박사 과정 중에

혜성 스님에 대한 그리움을 담아

● 이근우 이혜성 스님 기념 사업회

1980년 10월 27일, 전두환 장군을 중심으로 하는 신군부 휘하 계엄군은 신성한 불교 사찰에 난입하여, 아무런 죄가 없는 스님들과 재가 불자들에게 갖가지 허위 명목을 붙여 불법 연행, 신체적인 고문을 가하는 등 강압적인 수사를 하였습니다. 외부자에 의해 불교가 박해 받는 일을 '법난法難'이라 불러온 전통에 따라 이 사건은 '10·27 법난'이라 불리고 있습니다.

법난이 일어나던 당시 모든 국내 언론은 신군부가 발표한 내용을 확인된 사실처럼 보도하였고, 이에 따라 법난 피해자들은 신체적인 고통에 더하여 정신적인 고통까지 입게 되었습니다. 한국 최대의 불교 사찰 중 하나로서 멀리는 고려 시대 도선국사道詵國師가 창건하셨고, 가까이로는 청담青潭 대종사가 주석하셨던 서울 삼각산 도선사道詵寺의 주지로서, 10·27 법난의 가장 큰 피해자 중 한 분이었던 혜성慧惺 스님은 속가 인연으로 저의 형님이 되십니다. 그런 인연으로 저 또한 10·27 법난 당시 계엄군에 연행되어 폭압적인 조사를 받았으며, 혜성 스님이 감옥에서 고생하시던 일, 이후 풀려나기는 했지만 고문 후유증으로 돌아가실 때까지 고문 후유증을 겪으시는 것을 지켜보았었습니다.

10·27 법난은 국가에 의해 자행된 불법 행위였다는 점에서 국가란 무엇이며 국가의 구성원으로서의 국민은 무엇인가라는 질문을 제기합니다. 모두가 알고 있듯이 국가는 국민에 의해 구성됩니다. 이는 국민이 국가의 소유물이 아니라 그 주인임을 의미합니다. 바꿔 말해서 국가가 국민을 위해서 있는 것이지 국민이 국가를 위해서 있는 것이 아닙니다. 그럼에도 불구하고 10·27 법난 당시 국가는 자신을 탄생시킨 어머니로서의 국민을 가해하고, 모독하였습니다. 문민 정부가 세워진 이후에, 국가의 일부로서의 정부는 당시의 사건에 대해 조사한 다음 대국민 사과를 하였습니다. 하지만 그 역시 국가의 일부인 법원은 정부가 피해 당사자에게 개인적으로 보상을 해야 한다는 주장을 받아들이지 않았습니다.

올해 불기 2564년(서기 2020년)은 10·27 법난이 일어난 지 40년째 되는 해입니다. 하지만 공교롭게도 코로나19가 만연하여 다중의 집회가 금지되는 등 활동이 제한되고 있는 상황 때문인지 또는 저에게 들어오는 정보가 적은 때문인지는 몰라도 10·27 법난을 기념하고 의미를 찾아가자는 노력 또는 행사 소식은 들려오지 않습니다. 그 점이 안타까워서 저 혼자라도 10·27 법난 40주년에 의미를 부여해야만 하지 않나, 하는 생각이 들었습니다. 평범한 사람인 제가 꼭 그래야만 하는지에 대한 의문이 안 일어나는 것은 아닙니다만 10·27 법난에 대한 울분과 한탄이 아직도 가슴에 처절하게 쌓여 있는 저로서는 그 의문에만 갇혀 있을 수는 없었습니다.

혜성 스님은 법난 이후에 작은 공책에 틈틈이 자신의 소회를 적으셨습니다. 어떤 면에서는 '일기'라고 할 수 있고, 다른 면에서는 '시詩'라고도 할 수 있는 67편의 글을 썼던 것입니다. 그 작품들은 1997년에 청담문도회 주관으로 간행된 《진불장振佛獎 이혜성 스님 화갑 기념 불교 문집—이 마음에 광명을》에 실려 있었는데, 저는 그 것을 따로 독립시켜 작은 책자로 만들어 많은 이들이 공유하는 것이 좋겠다는 결론을 내렸습니다. 다만 시(일기)만을 펴낼 경우 혜성 스님이 누구인지, 10·27 법난의 구체적인 내용이 무엇이며 당시 혜성 스님은 어떤 고통을 당하셨는지, 또 혜성 스님의 시를 문학적으로 어떻게 읽으면 좋을지 등에 대한 이해가 부족할 수도 있겠다는 생각에서 당시 불교 언론에서 취재를 하던 기자와 불교 전문 사회학자, 그리고 불교 문학에 관심을 기울여 온 문학인이 쓴 글들을 함께 실었습니다.

이 작은 책자가 많은 이들에게 읽혀서 일반 국민들에게는 10·27 법난의 역사적 교훈과 의미 그리고 아픔과 통곡이 보다 많이 알려지기를, 그리고 불제자들에게는 불심이 더욱더 깊어지는 계기가 되기를 부처님 전에 간절한 마음으로 기원합니다.

불기 2564년 10월 1일

마른 햇살처럼 눈이 아프다

● **문정희** 시인 / 동국대 석좌교수

언어는 늘 미흡하다. 시는 무력할 뿐만 아니라
오히려 벽을 만들고 헛구멍까지 파놓을 때가 허다하다.
불립문자라든가 언어도단이라든가 이런 말 앞에 서면
더구나 몸 둘 바를 모르겠다.

혜성 스님의 시는 문자를 벗어난 알몸 언어이다.

육신으로서의 존재가 바닥까지 갔을 때
그 자리에서 태어나는 슬픈 외마디이다.

한 시대의 부당한 정치 폭력이 덮친 낚싯줄에 걸려 버둥거리는
생것의 비명이라고 할까.
은유니 상징이니 언어적인 성취니 하는 문학의 수사가 공허해지

는 자리이다.

폭우가 지난 뒤에 상처를 그대로 드러내고 일어서는
마른 햇살처럼 눈이 아프다.

붓다여, 왜 꽃이 아니라 칼날을 내밀었는가.
무엇을 위한 것이었는가.

자꾸 묻고 또 묻게 된다.

겁 없는 군부 독재 시대 무인의 군화발이 부처의 도량을 덮치고
한밤중에 승복 입은 구도자들을 무간지옥까지 데리고 간
야만의 시간을 누가 잊겠는가.

그리고 한 바퀴를 돌아 나온 자리에
오롯이 피어난
여기 이 생생한 호흡이 선적 언어와 무슨 차이가 있는가.

혜성 스님은 일찍이 출가하여 부처의 법으로 살과 뼈를 키운 한
구도자였다.
받는 것보다 주는 것을 실천해보려다가
소위 법난이라는 이름으로 기록되는 참혹한 비극 앞에
이렇듯 기막힌 폐허를 만난 것이다.

그래서 또 묻고 또 묻게 된다.
이 글은 야만의 시대를 진흙탕의 상처로 받아낸
한 구도자의 공양인가, 보시인가,

이게 대체 무엇인가.

육신을 벗어버리고 이제 자유로운 무아의 바람이 된
혜성 스님은 이런 말을 남긴다.

"나를 죽인다 살린다 한들 그것이 무슨 상관이요.
마음 하나 결정하고 생각하니
모두가 우습고 우스우며 무심하고 태평하도다."

이 글의 천파만파가 이 땅의 흐린 하늘을 좀 맑게 닦아 주었으면
한다.
더불어 군부 독재의 고문에 발톱이 뽑히고 고문에 숨도 못 쉬고
죽어 간 몇 분을 기억한다.

혜성 스님이 실천 수행 중에 만난 잔혹한 시간과
생생한 언어 저 너머
무한의 의미를 깊은 마음으로 헤아린다.

제2부 | 엄혹한 겨울에서 다사로운 봄으로
– 혜성 스님 관련 글 모음

해 탈

억원 다가워를 뒤한차 사회에 왔던가
꿈속 꿈에 얽메여 산생욕소에 궤메이다가
탐심의 감독이 걸려 오는 여기 서 왔네
여보소 우리는 어디서 왔는가

또한 어디메로 가나가나요
저 하늘에 무심한 구름따라
걸었이 오고 또 가고 멸의길이런가 ?

말없이 서있는 저 봉악산 같이
언제나 욕도 분허를 멈출것인가

걸림없이 유어자각한 저 구름과의 대화에
다창생의 암역에 꿈을 깨워 주고
부동한 저 태산의 말없는 교훈이
걸앉는 용맹심을 나에게 불러 왔었다

깨어나자 어서 구원의 꿈을
잡히가자 어서 영겁의 양양을

용맹정완하라 어서 자유한 해탈을 위허
이제 뚝뚝히 앉앗노라

저 구름이 가고 이 태산이 부동한 도리를
보다라 삼천대천 세계가
모두 비로한 체를 밧이로다 .

常樂我淨

庚辰年 仲秋 振佛獎 慧惺

대구 동화사 통일대불 앞에서
왼쪽부터 혜성 대종사, 해인사 방장 원각 대종사, 조계종 종정 진제 대종사, 밀운 대종사, 오현 대종사

제1장

사람이 사람에게 어찌

감옥

나는 달아나려고 발버둥치고
수많은 사람이 잡으려고 온통 난리다.
살기로 죽기로 잘했다 한들
죽기로 살기로 못했다고 야단이니
어떻게 해야 조화를 이루고 다 좋을손가.
누가 죽고 어느 누가 산들 별 수 없고
네 탓 내 탓 아무리 한들 무슨 이익이 있으리까.
잘하고 못함이 또한 깨친 근본이 없는데
거기에 잘잘못이 있으리까.
그래도 시비를 가리려 한다니
그곳에 법이 서고 감옥이 존재한다.
중생이 스스로 법이다 감옥이다
공연히 망상 피워 시비분별 구별하네.
나는 우주의 감옥에서 자유로이 뛰놀다가
타의로 작은 감옥에 들어왔소.
이곳이 지옥인가 꿈인가 생시인가.
부끄럽고 한없이 괴로워 어이하리까?
내 큰 죄 지었다니 발 벗고 참회하자.

들어왔으니 언젠가 나갈 날이 있으리.

중생이여, 업으로 태어났으니

죄 없는 자 그 누구냐?

여기가 사바[1]인데 깨끗한 자 어찌 올까.

이 감옥에서 불보살 님께 예경하면 외면하지 않으리.

성불하면 감옥도 극락이요 구속도 자유며 어느 누가 구속하리.

어서 발심하고 정진하여 이 감옥 저 감옥 모두 타파하여

감옥 없는 극락 세계, 우리 모두 천 년 만 년 살고 싶소.

---

1 사바娑婆 : 해탈하지 못한 중생이 사는 세계. 인도 고전 언어인 산스크리트 어 sabha
를 소리 번역(옴역音譯)한 말로, 온갖 번뇌를 참고 견뎌야 하는 곳이느보 삼인토堪忍
土라고 뜻-번역意譯되기도 번역된다.

아파 죽겠어요

여보! 선상님! 아프고 한없이 아파요. 잘못했어요. 정말 잘못했어요.
아프고 쑤시고 아프다오.
아무리 빌어도 자꾸 왜 이러세요. 제발 이러지 마세요.
내가 죽을께요. 정말 맞아 죽고 싶지는 않아요.
아무리 아프다고 소리 질러도 소용이 없다.
참고 참고 견디다 못해 또 죽을 힘을 다해 비명의 소리를 질러본다.
그럴수록 가해 오는 채찍은 더더욱 더해 온다.
나를 마치 돌덩이 쇳덩어리로 알고 치고 또 족친다.
살지 못하도록 아니 죽지 않을 만큼 때리고 치며 계속 고문질한다.
이제 아프다 못해 아프다는 말도 끊어졌다.
아직 살아 있으니 아픈 것이지 죽으면 아플 수 있을까?
정말 그 아픔을 참다 못해 기절을 했다.
생각하니 우리 부모님께도 항상 잘한다고 칭찬을 들었고,
내 스승에게서도 별로 꾸중 같은 것을 아니 들었건만
무슨 과보로 이렇게 요 모양으로 비참하게 당해야만 하나?
나를 못살게 구는 이들도 다 같은 내 동포요,
알고 보면 한 핏줄 한 형제인데
내가 이 나라에 무슨 큰 죄를 지었으며

우리 민족에게 무슨 배반을 하였단 말이냐?

전생에 무슨 과보로 이런 말 못할 고통을 받아야 한단 말인가?

정말 우리 부처님이시여!

진정 억울하고 억울하외다.

자비하신 부처님이시라더니 부처님도 너무 하시구려!

제가 부처님 일밖에 한 것이 무엇입니까?

나는 이 사바 이 세상에 살고 싶지 않소이다.

지옥이 무섭고 괴로운들 이보다 더 지독하고 가혹할 수 있을까?

이제 나는 진정 미련없이 죽고 싶소이다.

그러나 이제는 죽을 자유마저 없이

이런 고통을 언제까지 당할는지?

아프다 못해 또 쓰러져 죽음에서 헤매이다가

또다시 모진 목숨으로 살아났다.

온몸이 아프고 쓰리니 꿈이 아니고 생시인가보다.

복받쳐 오는 서러움에 울다 울다 생각하니

이 세상에서 짧고도 긴 무상한 45년,

똥보다 더러운 그 무엇이 귀하다고. 다 소용없고 다 버리련다.

아 바보여!

왜 살았어? 진작 죽어버리지. 당해도 싸다.
인생이 이런 줄을 몰랐더냐?
그러나 나는 진정 어이 하리까? 어쩌면 좋지요.
정말 분하고 원통하고 원망스러워요.
참으로 몸이 아프고 정말 아파 죽겠어요. 부처님!

불교 정화 佛敎淨化

불교를 정화할 자 그 누구냐?
부처님의 법은 만고에 깨끗한데
그 누가 감히 불교 정화를 하려는가?
부처님도 다 못하신 정화를
어느 누가 어떤 방법으로 할 수 있단 말인가?
부처님같이 중생 제도할 큰 원력과 복덕과 깨달음도 없이
그 누가 감히 불법승 삼보[2]에 손을 댈 수 있으리까?
이에 대한 그 모든 책임을 누가 질 수 있나요?
아니 먼 훗날 역사에 자신 있게 말할 수 있을까?
역사 이래 1천 6백여 년 동안 호국 불교를 외치시고
말세 중생을 위해 신명을 다 바쳐 정진해 온
선량하고 착한 불제자들에게 내려치는 그 철퇴야말로
너무도 뜻밖에 당하는 크나큰 아픔이다.
우리가 비록 처절하게 당했어도 진정 불교만 정화된다면야
오죽이나 다행이요 좋을까마는 천만에 말씀!

---

2 삼보三寶: 불교인이 보배로 여기는 세 가지인 부처님(불), 가르침(법), 스님들(승).

과거에도 우리는 우리 스스로 정법을 수호하기 위하여
이 세상 그 어디 누구보다도
불교 정화 운동의 횃불을 먼저 들었듯이
불교 정화 운동이야말로 누구도 아닌
우리 불교인 스스로 영원히 할 것이오.

체탈도첩[3]

1980년 11월 8일. 이혜성 체탈도첩.
사문[4]의 사형死刑인 체탈도첩이란다.
이 무슨 과보요, 어이된 날벼락인가.
이 마음 깨닫고 부처님 은혜 갚으려 헤맨 지 25년.
정말 이 순간이 꿈이기를 바란다.
그러나 엄연한 현실로 내 앞에 왔다.
이 모두가 인과응보라면 달게 받으리.
내가 죽어 부처님이 좋아하시고
한국 불교가 잘 된다면 웃으며 죽으리라.
그래도 너무 원통해 그 모두를 한없이 원망하고 싶지만
원망한들 무슨 소용 있으리.
모두 내 탓이요 내 잘못이란다.
그러나 죽으며 나도 한 마디 한다면
나를 죽이는 그대들을 나는 영원히 지켜보리라.

---

3 체탈도첩褫奪度牒 : 중대한 결격 사유가 있는 승려에게, 승단이 승려 자격을 박탈하
   여 승단 밖으로 추방함.
4 사문沙門 : 인도 고전 언어인 산스크리트 어 śramaṇa, 빠알리 어 samaṇa를 소리-번
   역한 말로, 머리를 깎고 출가하여 독신으로 수행하는 사람.

정말로 그렇게도 깨끗하고 진실로 떳떳하며
이 중생 억울하고 죽임이 불보살의 참뜻인가?
지옥 중생도 건진다는 당신들의 자비가 고작 이뿐이오?
부처님만 용서하신다면 나는 죽어서 살리라.
25년의 보금자리 산문송출,[5] 속인이 되었네.
너무도 기가 차서 막막하고 가슴 아프다.
울까 웃을까? 나는 어디로 가오리?
부처님이시여! 불쌍한 나에게 다시 염의[6]와 용기를 주소서.

---

5 산문송출山門送出 : '산문'은 사찰과 세속을 경계짓는 일주문—柱門. 따라서 '산문 밖
  으로 쫓아냄(산문송출)'은 승려를 체탈도첩하여 승단 밖으로 추방한다는 뜻임.
6 염의染衣 : '물들인 옷'이라는 뜻이지만 불교계에서는 승려가 입는 옷을 의미하는 말
  로 쓰임.

누구를 믿으리요

이 세상 누구를 믿으리요.
부처님께서도 자네 자신도 믿지 말라 하였던가.
그러나 믿지 않고 어찌 살으리.
믿어서 잘못된들 내 허물이 아니고
믿음을 배신한 저들의 탓이로다.
그렇지만 믿음에 배반당하니 참으로 괴롭도다.
믿고 살 수 없는 사바라 하였지만
그래도 나는 믿으며 살려 했도다.
하오나 결과는 너무도 엄청난 현실.
하늘이 무너지고 땅이 꺼진 듯.
나의 굳은 믿음은 산산조각이 나버렸다.
전생에 내가 남을 배신하여 오늘의 내가 이러한가?
서로 믿고 사는 세계의 건설을 위해
이제라도 늦지 않으리라. 믿고 살자꾸나.
믿으면 복이 오고 안 믿으면 괴롭도다.
믿고 사는 우리 사회, 부처님 나라.
누가 무어라 하든 나는 내 자신을 믿으리.
믿고 또 믿어 부처님처럼 믿고 살리라.

배신[7]

인생에 배신이란 말이 없으면 얼마나 좋으리.
서로 믿고 살아야 할 인생에 배신이 없어야지.
인연 따라 만나서 좋아서 웃다가 돌아서서는 배신을 하다니.
다 같은 사바에서
업보 중생끼리 서로 의지하며 살아도 부족한데
하물며 한 많은 이 세상에서 서로 배신하며 살아야 하나?
참으로 배신을 당해보지 않으면 그 아픔을 누가 알며
배신당하지 않고서야 어찌 인생을 안다 하리?
배신의 그 아프고 가슴쓰린 말 못할 고통이야
당해보지 않은 그 누가 감히 알 수 있을까?
물론 배신을 당함도 과거 생에 지은 자기의 과보리요마는
그래도 중생심에 스스로 저지른 어제 일은 모르고서
멋모르고 과보받는 오늘의 고통이야 어찌 말로 표현할까.
배신당하고 누구를 탓하여도 이미 때는 늦고
지은 업보 다 받으면 영원히 빚을 갚는 법.

---

7 혜성 스님이 10·27 법난을 당하여 부당하게 조사를 받을 때 스님이 믿었던 사람들이
  스님에게 불리한 진술을 하는 것을 보고 한탄하며 쓴 시.

당하고 보면 오히려 괴로운 내 마음도 후련하도다.
다시는 이런 배신의 고통 받지 않고
신뢰하고 살아가는 너와 내가 되게끔
열심히 일하고 웃으며 살아가는
배신 없는 믿음의 세계를 이룩하자.
이것이 부처님의 원력이신 지상 극락세계란다.

행자[8]

산문송출!
날벼락 같은 체탈도첩이 되었으니
나는 또다시 행자가 되었단 말인가?

아 진정 내 갈 길은 어디메뇨?
또다시 사바인가, 아니면 지옥일런가?
한 많은 사바에서 스스로 입산출가하여
오해와 타의로 산문송출 빈척[9]되니
내 진정 어디로 가야 내 삶이 있을손가?
이제 오도가도 못하는 길손되어
영원한 중음신[10] 될까 두렵기만 하도다

사반세기 전 입산 출가하여 성불의 꿈을 안고

---

8 행자行者 : 1. 수행하는 사람. 2. 승단으로 출가를 한 후 정식 승려가 되기까지의
과정에 있는 예비 승려.
9 빈척擯斥 : 싫어하여 물리쳐 멀리함.
10 중음신中陰身 : 해탈하지 못한 중생이 죽은 후에 다음 생을 받기까지의 기간에 임시
로 받는 몸.

오로지 부처님께 의지한 희망찬 행자가
성불은커녕 쫓겨나 또다시 헤매이는 행자가 되었소.

오는 행자의 청정한 마음.
떠나는 행자의 쓸쓸한 마음.
내 이제 가도 오도 않고서
영원한 인생의 행자 되어
나고 죽지도 않고 가고 오지 않는
새 삶의 길을 행자 되어 찾으리다.
부처님이시어! 영원히 당신 곁을 맴도는
이 가련한 행자를 뿌리치지 마시고 보살펴 주사이다.

자유

비행기가 저 높이 떠가고
새는 어디론지 훨훨 날아간다.
가랑잎도 춤추며 자유로이 떠돌고
이 사람 저 사람들도 가고 오고
제 뜻대로 자유롭게 왕래하는데
내 몸과 이 마음은 자유는커녕
춥고 추운 겨울처럼 얼고 또 얼어버렸다.
언제나 새 봄이 오면
부처님 자비의 신통력으로 깨끗이 녹아버리고
저 비행기나 새같이
아니 이 가랑잎과 저 사람들같이
이 사바 고해苦海일망정 자유자재 마음대로 뛰놀 것인가.
그리운 자유는
우리 모두가 참으로 원하고 바라는 값진 보배일세.
중생 스스로 업을 지어 그 귀한 자유를 잃고 울면서
공연히 남들을 탓하며 때 늦은 다음에 후회한들 무엇하리.
모두가 중생이 어리석어 스스로 죄를 짓고
한없는 무명 속에 해매게 되는 것을

자비스런 부처님은 가슴 아파하신다.
그래서 삼계도사[11] 부처님은
우리에게 영원한 대자유를 찾으라고
항상 자비광명 비추신단다.

---

11 삼계도사三界導師 : 삼계를 이끄는 스승, 즉 부처님. 불교 교리에 따르면 우리가 사
  는 이 세계는 욕계欲界 · 색계色界 · 무색계無色界 등 세 세계(삼계)로 구성되어 있다.

부정축재

날더러 17억 5천만 원 부정축재를 하였다네.
무엇이 부정축재인가?
불사를 한 죄밖에 없는데
깨끗한 삼보정재三寶淨財[12]이며 시주물이 청정하다오.
"오직 청정한 부처님 슬하에서
그렇게도 부정축재를 많이도 하였구나."하며
멋 모르는 여러 대중은 비웃고
멸시하며 나를 탓하겠지.
이유야 어떠하든
정말 부끄럽고 한없이 죄송하고 무조건 참회하련다.
허구 많은 중생들, 내용도 모르고 구업口業 짓는 것을 보니
참으로 가슴 아프다.

그러나 우리 부처님은 진실을 잘 알고 계시리라.

---

12 삼보정재三寶淨財 : 삼보는 불교가 귀중하게 여기는 부처님佛, 가르침法, 승단僧,
정재는 '깨끗한 재산'이라는 뜻으로 승단이 소유하고 있는 재산.

그리도 밝으신 천안통[13]으로 낱낱이 살펴보시고
그렇게 맑으신 타심통[14]을 비추어 보신다면
우리 부처님! 자세히도 남김없이 아시겠지요.
그렇다면 부처님께서 이제는 남김없이 밝혀 주셔야지요.
언제인가는 부처님도 웃으시고 모든 중생의 오해를 풀리라.

17억 5천만 원 부정축재란 그 재산도 알고 보면
그 모두가 부처님 재산이라오.
자랑스런 당신의 제자들이 피땀 흘려 이룩한 재산이지요.
당신의 원력과 가피력으로 성취된 불사들.
어린 싹에게 불심을 심어줄
청담중·고교를 건립하는 데 5억 5천만 원 들었구요.
불쌍한 이들에게 자비심을 베풀어 줄
고아원·양로원 건립하는 데 4억 5천만 원 들었으며,

---

13 천안통天眼通 : 부처님이 갖고 계신 여섯 가지 신통력 중 하나로, 거리의 구애를 받
   지 않고 세상 모든 것을 보는 능력.
14 타심통他心通 : 부처님이 갖고 계신 여섯 가지 신통녀 중 하나로, 다른 이의 마음을
   읽는 능력.

부처님의 뜻을 펴는 천 이백 년 전법 도량
도선사 부처님 모시는 데 7억 5천만 원 들었지요.
그러하다면 오히려 참 많은 것도 같지마는
사실은 그렇다면 적어서 큰 걱정이며
부정축재 재산이 더 많았으면 좋겠어요.

이 몸도 언제인가는 버릴 것을 나는 똑똑히 아는데
영원히 가져갈 것도 아닌 것을 무엇하러
물질을 탐해서 지옥 업을 지으랴?
하물며 그냥 주는 것도 가히 반갑지 않는데
구태여 부정축재까지 하여 무엇할 것이요?
아무리 부정축재를 하라 해도 결코 아니하리다.
이 마음 내 부처님,
이 모든 것을 알고 계실 것이니 걱정할 것 가히 없도다.

이감 移監

이 방에서 저 방으로 이감하란다.
37일 정들었던 방이라 떠나기 싫다오.
그러나 자유 세계에서 여기로 끌려 왔는데
명령이라면 이 방에서 저 방으로
가지 않고 견딜 자 그 누가 있으리요.
그래도 내가 잠시 인연지은 감방이라 깨끗이 정리하고
절도 하고 기도하며 염불했는데
또한 서운하고 섭섭함이 이것 또한 얄궂은 중생심일지라
구경究竟에 이르러선 좋은 부처님 도량도
애착하는 이 몸도 버릴 건데
이것 가지고 언짢은 것 없지만
모든 것이 소심하고 어리석어지도다.
이것이 이렇게 언짢고 섭섭하다면
하물며 사랑을 여의고 육신을 버릴 때는
진정 얼마나 괴롭고 막막하리까.
그래서 언제나 이별 없고 항상 죽음 없는
저 극락세계 만들어 놓고
아미타불 님이 이시 오라 하셨나보다.

원을 세워 가리요, 어서 가리다,
영원한 안락의 아미타불 세계로.

순화교육 順化教育[15]

순화교육 이름이 참 좋도다.

진실로 인간이 순화된다면 부처님이 아닌가.

부처님 말씀이 모두 중생의 순화를 위한 것이거늘

중생의 심성은 날로 악화되어

오늘의 사바세계가 생존 전쟁의 아수라판.

부처도 못 다한 순화교육을 눈감은 중생이 어찌 다할까.

시비분별도 알고 보면 전생의 업보 놀음인데

일시적 육체 놀음으로 순화된다면

얼마나 다행하고 기쁘리까.

무명근본[16]인 업보가 녹아지고

마음의 뿌리가 없어지면

저절로 순화되고 참성품 돋아난다.

일시적 근시안의 교육보다

---

15 자신을 삼청교육대로 보낼 것이라며 협박하는 10·27 법난 주도 세력에게 부처님의
교화력을 빗대어 쓴 시.

16 무명근본無明根本 : 불교는 모든 고통(문제)의 원인을 무명, 즉 인지적 어두움으로
본다. 이 어두움이 밝음明으로 바뀌는 것이 지혜, 즉 반야般若이며, 반야를 성취하는
것을 깨달음이라 한다.

참사람 키우는 영원한 교육을 위해
우리 부처님 사십구 년 설법하여
중생구제 순화교육 마치시었다.

나의 어린 스님들 [17]

이 세상 허구많은 사람들 중 우리는 만났다.
어렵고 장한 출가 길에서 인연을 맺었다.
이 모두가 깊고 깊은 다겁생多劫生의 인연이란다.
만나면 기쁘고 헤어지면 슬픈 속연俗緣일지라도
그래도 우리는 기쁘게 만나 인연을 맺었고
무미無味한 출가의 길에서 즐겁게 살아 왔으며
아직 중생일지라도 이별을 서러워한다.
나는 비록 지옥에 갈지라도 그대들은 극락왕생하시오.
비록 나는 괴롭고 괴롭더라도 어린 스님들은 즐겁고 즐거우며
나 같은 불행한 중 노릇을 결코 하지 말고
후회없이 자랑스런 삼계 대도사三界大導師가 되어 주소서.
허구많은 인연 중에서 공연히 나와 인연을 잘못 맺어서
걱정하고 근심하며 고생하는 것이 못내 가슴아파
나는 영원히 후회하고 참회하며 괴로워한다오.
훌륭하고 장한 여러 도자道字[18] 스님들!

---

17 10·27 법난 당시 제자들의 장래를 걱정하며 쓴 시.
18 혜성 스님의 제자들은 길 도道 자가 들어간 법명을 갖고 있음.

나의 자랑스런 권속들이여!

우리 모두 가슴 아프고 이 슬픈 순간을 잘 참고 넘겨보자꾸나.

캄캄하고 이 고된 시련을 넘기면 밝고 희망찬 내일도 있으리.

여러 어린 사문들이여!

부처님은 아시고 우리를 용서하시며

우리에게 가피를 주실 것이니

웃을 수 있는 그 날까지 용맹정진하며

이 괴로움 꿈에서 어서 깹시다.

나가 보라

물결치는 대로, 파도치는 대로 살아가는 인생.
오라니 잡혀 오고 가라니 떠나 간다.
벌써 자유 잃고 이곳에 온 지 25일이 됐는데
오늘은 이제 그만 나가보란다.
내 지은 죄도 벌써 다 갚았단 말인가.
나가라니 정든 이곳을 또 나갈 뿐이요,
끌려들어 올 때보다는 좋지만
온세상이 부끄럽고 나간들 또 무엇하리.
산 송장이 되었으니 모든 사람 비웃으리라.
동서로 밤낮도 먹을 것도 잊고 뛰었는데
오늘의 이 모양 이 꼴이 되었다오.
모두가 내 탓인데 누구를 탓하고 원망한들 무엇하리.
내 마음이야 본래가 하나요 한 뜻이며
언제나 잘하고 잘해보려 하였건만
중생들 보기에 오해도 시기도 질투도 많았나보다.
25일간 자유 잃고 인간 지옥에서 느낌도 많고 많을세라.
내 이제 다시 자유 찾아 사바에 간다.
참으로 가볍고 자유로운 마음으로

못난 나를 위해 너무도 애쓰신 여러분과
본의 아니게도 걱정을 끼친 여러 어른들께
합장 예배지심으로 부끄럽게 여기며 참회 드리오.
이 생명 다하도록 정신차려 새로운 삶을 살아 보답하리요.
자비한 불보살님과 여러분 앞에 맹세하오며
두 손 모아 한없이 기도 기원하나이다.

말씀해 주세요

부처님! 말씀해 주세요.

나는 부처님께 무슨 죄를 지었나요.

가만히 계시지 말고 말씀해 주세요.

부처님! 나는 전생에 무슨 죄를 지었나요.

아니 금생에는 또 무슨 죄를 저질렀나요.

나라에 역적 죄를 지었나요.

나는 공산당이 아니잖아요.

부모에게 큰 죄를 지었나요.

아무 말씀도 않으시니 그래도 용서하시나 봐요.

중생을 해치고 무슨 큰 죄를 지었나요.

물론 육도[19]를 윤회하며 많은 죄를 지었겠지요.

그래서 이 사바세계에 왔겠지요.

참회하고 선업을 닦으러 왔잖아요.

---

19 육도六途 : 중생의 세계를 구성하는 욕계·색계·무색계 등 삼계 중 욕계는 지옥·아귀·수라·축생·인간·하늘 등 여섯 길途로 나뉘므로 이를 통칭하여 육도라 함. 욕계의 상부에 있는 색계·무색계 또한 선정을 이룸으로써 간다는 것을 제하면 욕계의 하늘과 같은 하늘이기 때문에, 육도는 욕계만이 아니라 삼계 모두를 지칭하는 말이기도 함.

아직도 참회하고 선업을 닦을 시간이 있잖아요.

그래서 밤낮으로 뛰며 살았잖아요.

그런데 왜들 이러세요.

그러면 나는 어이하란 말인가요.

정말 부처님! 너무도 하셔요.

이러지 말고 부처님! 말씀해 주셔요.

이 중생 대체 무슨 죄업을 지었나요.

부처님! 어찌하면 이 죄업을 벗을 수 있나요.

부처님이시여! 말씀해 주시면

이대로 이 육신 버리고 죽어도 좋아요.

당신의 신통력으로 자비하신 방편으로

내 지은 죄를 말씀해 주셔요.

눈물

나도 모르게 하염없이 흐르는 눈물.

그래도 메말랐던 눈물이 폭포수같이 흐른다.

울어도 소용없고 소리내어 울 수도 없으련만

너무도 슬프고 참으로 가슴아파서

참다 못해 터진 울분에 나도 모르게

한없이 목놓아 마음껏 울고 또 울었다.

이렇게 가슴아프게 울어야 할 기막힌 순간을

우리 부처님은 아시는지 모르시는지요.

이 순간 흐르는 한많은 피눈물은

다겁생多劫生에 육도에 윤회하며 많이도 흘렸겠지요.

금생에 처음이요 마지막이 되게 해주소서.

이 사바의 많은 중생 언제나 눈물이 마르리.

부처님은 중생의 아픔을 대신 느끼고 우신다지?

오늘도 이 몸 따라 부처님도 자비의 눈물 흘리시리라.

부처님! 이 몸은 다시는 울지 않겠어요.

어서 부처님 눈물을 거두소서.

피눈물 흘려봐야 피눈물 흐르는 사람의 마음 알리라.

나는 울면서 생각하고 보았다.

나는 부처님의 뜻과 같이 중생의 아픔을 어루만지고
함께 울어주며 뜨거운 눈물을 흘릴 수 있게 하리다.

복구[20]

평생을 공들여 쌓고 쌓은 탑.
그 모진 비바람과 폭풍우에 난리를 만나서
모두가 무너지고 파멸되었도다.
이제 울고 괴로워한들 무슨 소용 있으리.
오직 인과를 믿고 또한 무상을 깨치고
더더욱 용기를 내어 굳세게 정진하면
금생에 못 이룬 꿈 내생에서라도 성취하리라.
그리고 잃은 모든 것을 기어코 찾고야 말리라.
내 이제 다시 먹물장삼 입고서
잃어버린 그 모든 것을 찾을 때까지
불어닥치는 사면팔방의 비바람과 폭풍우와
갖은 곤욕과 만란을 극복하고 용맹정진하자꾸나.
금은보화를 잃었다가 찾으면 더 귀한 법.
하기야 본래는 잃고 찾을 것도 없지만
그래도 너무도 억울하게 누명을 쓰고서

---

20 25년 동안 공들여 이룬 모든 불사佛事가 외부 세력에 의해 훼손되는 것을 보며
쓴 시.

짓밟히고 인권을 유린당하고 정의롭지 못한 타의로
내 인생 모든 것을 강탈당했으니
내 생명을 걸고 다시 찾아 모든 것을 원상 복구하리라.
성불을 한평생 미루더라도 기어이 그 모든 것을 복구하고 말리라.
그후에야 무상한 것.
내 스스로 그 모든 것 남김없이 버리고
영원하고 자유로운 나의 갈 길.
님의 세계로 향하여 천진면목天眞面目 나의 부처 찾고 찾으리.

우리 부처님!

부처님이시여! 가련한 이 업보중생을 용서하여 주시고
절망과 괴로움에서 헤매이는 가련한 이 중생 버리지 마옵시며
어서 속히 이 고통에서 해탈하게끔 도와 주셔요.
자비하신 부처님! 제가 너무 딱하고 불쌍하오며
진정! 진정으로 한없이 억울하고 억울하옴을
이 내 영원한 스승이신 부처님께서는 알고 아시리라.
정말 미혹한 제 힘만으로는 감히 감내할 수 없으며
어서 속히 자랑스러운 천수천안[21] 나투시어 건져 주시고
한없이 자비광명 베푸시와 이끌어 주사이다.
아무리 내가 지은 내 업보요 내 전생 인과응보라지만
그래도 우리 부처님의 힘이 아니라면
여기서 헤어날 길 없음을 호소하나이다.
우리 부처님! 다시는 이와 같은 업을 짓지 않고
참다이 우리 부처님의 제자가 되오니리니
이 중생 목숨 바쳐 합장예배 기원하오며

---

21 천수천안千手千眼 : 관세음보살은 천 개의 손과 천 개의 눈으로 중생의 아픔을 살피
   고 보살피시는데, 이를 천수천안이라 함.

당신의 거룩한 명호를 나에게 오실 때까지
한없이 부르고 또 부르며 외치고 또 외치며
간절간절히 기도기도 드리렵니다.
우리 부처님! 나의 부처님!
거룩하게도 이제 시현[22]하시네.
이게 꿈인가 생시인가 도시 모르겠소.
제발 이 황홀한 순간이 영원하소서.
이제 한없는 용기와 힘이 샘솟고
그 고통은 어디론가 간 곳이 없사외다.
우리 부처님! 정말 은혜 감사감사하여이다.
나의 부처님! 내가 어떻게 하나 시험하셨군요.

---

22 시현示顯/示現 : 모습을 나타내어 보임.

법난

만고 불변의 진리인 부처님의 법이건만
제자들이 못나서 말세를 만나
꿈에도 상상못할 법난을 만났다.
세상을 이끌어 나갈 불제자가
세상 사람들에게 바람을 맞았구나.
부처님 가신 후 이교도에 의한 법난.
근래 동남아 여러 불교국가의 공산화에 의한 법난.
내 조국 이 나라에 불교 전래 이래
위정자들로부터 받은 갖가지 법난.
오늘날 우리가 당하는 너무도 뼈아픈 법난.
불제자들이여! 정신차려 참회하고 자각하자.
불형제 여러분! 이 가슴아픈 현실을 보고 누구를 원망하랴.
어서 속히 부처님 혜명慧明을 찾아서
오늘의 이 슬픈 법난의 고통을 영원히 잊지 말고
부처님 만고광명萬古光明을 온누리에 비추기 위해
더욱 단합하고 정신 차려 내일을 기약하자.

대도선사를 버려야 하는 뼈아픔

신라로부터 오늘까지 찬란한 천이백 년 역사를 지닌 대도선사.
도선 국사의 창건과 청담 조사의 중창에 빛나는 대도선사.
칠십만 가족의 뜻이 묻힌 중생의 참회도량 대도선사.
이십여 년 동안 생명을 걸고 심혈을 기울였던 대도선사.
내 인생의 청춘을 불태웠던 자랑스런 대도선사.
불교 근대화를 위해 뛰고 또 뛰었던 대도선사.
내 뼈와 혼까지도 묻으려던 이 내 보금자리 대도선사.
청담 학원을 탄생시킨 지혜의 대도선사.
혜명 보육원과 양로원을 이룩한 대도선사.
세계의 곳곳에 불심를 심고 전한 전교의 대도선사.
나와 인연맺어 의지하고
진리 찾으려는 많은 제자를 탄생시킨 대도선사.
수십만 신도들의 신심의 안락처로 인연맺은 대도선사
이 모두를 나는 눈물을 머금고 버려야 한다.
아니 그뿐아니라 내 인생과 생명인 25년 승직·승권도 버려야 한다.
하기야 인연이 다하면 언제이고 모두 버려야 하고 떠나지만
이 육신마저도 헌신짝같이 버려야 함을 모르는 바 아니다.
그러나 이 모두와의 이별은 너무도 엄청난 고문으로 나는 당했다.

이 세상 그 어떤 고통과 죽음이 이보다 더할소며 영원히 잊지 못하리.

그래도 살으리라. 죽지 못해서라도 악착같이 살리라.

이 순간 생각하니 내 살림 버리고 남의 살림만 죽치고 하다가

이렇게 쫓겨났다.

때늦은 이제부터라도 그 모두를 차마 버릴 수 없어 영원히 가지런다.

내 마음으로는 그 모두를 차마 버릴 수 없어 영원히 가지런다.

이 자유마저 이것마저도 어느 누가 감히 뺏을 수 있으리요.

뼈가 에이는 아픔을 보내고 이젠 울지 않고 웃으며 살리라.

불보살의 뜻으로 이룩한 그 모든 인연들과

영원히 함께 밝은 새 날이 올 때까지 정진 또 용맹정진하리라.

나와 인연깊은 여러 불제자님, 정말 죄송하오.

나와 같은 불행한 사람은 다시는 태어나지 마옵소서.

우리 모두 용기를 가지고 영원히 후회없는 삶을 살아갑시다.

부처님! 용서하시고 용기를 주시옵고 저를 지켜보아 주세요.

언제인가 이 버려야 하는 이 뼈아픔을

이기고서 웃고 또 웃을 그 날이 반드시 있으리.

2016년 5월 도선사 참회원에서 열린 봉축 법회. 도선사 주지 도서스님과 나란히

제2장

사람이 사람으로 살기

보육원[1]

전생의 업보인지 일찍이 부모를 여의고
딱한 이들끼리 서로 형·아우·언니·누나·동생 부르며
가엾이 살아가는 어린 꽃봉오리들.
가꾸고 보살펴 주려고 원을 세웠건만
그것도 오래지 않아 타의로 물러서니
나도 가슴아프고 우리 어린이들 오죽하리.
차라리 이럴 줄 알았다면 맺지나 말았을 것을.
이별의 아픔을 후회한들 때는 늦으리.
그래도 나는 그대들 버리리 않으리.
언제고 마음 속에 딱한 어린 그대들을 간직하리라.
아가야, 울지 마라.
내가 영원히 기도하리.
이 세상에 딱한 그대들이 있다는 것을
부처님께 기도하리라.
우리 모두 이 가슴아픈 슬픔 씻고

---

1 자신이 설립한 혜명 보육원을 떠나면서 그 안타까움을 노래한 시.

용감히 살아가자.

나는 너를 너는 나를 위해 영원히 꿈속에도 잊지 말고

열심히 살아보자.

부처님이시여!

우리 혜명 동산을 영원히 굽어 살피소서.

양로원[2]

엊그제 남남으로 우리 만났건만
이제는 내 부모, 내 할아버지, 우리 할머님!
또다시 헤어지는 이별의 아픔도
묘한 사바의 인연법.
한평생 인연따라 허송세월 살다가
늦게야 모든 권속 이별하고 새 인연을 찾아
동서남북 찾아든 딱하고 가엾은 할아버지, 할머니.
그래도 우리는 늦게나마 부처님 품에 안겼다오.
아름답고 슬픈 지난 날을 회상함이 유일한 낙이요,
사바의 인연이 다하면 서방정토 극락세계,
아미타불 부처님께 태어나길 원이라오.
의지할 곳 없는 이분들이 내 부모, 너의 부모일세.
우리 모두 남 보듯 하지 말고 다생의 내 부모처럼 공경하자오.
가엾은 노인들이 이곳을 먼저 떠날 줄 알았건만
도리어 이 내 젊은 몸이 먼저 이곳을 떠나니 가슴 아프오.

---

2 혜명 양로원의 설립 신고를 마치고 골조 공사까지 하였으나 10·27 법난을 맞아 완공
을 보지 하고 타의로 떠나가게 됨을 섭섭히 여기며 쓴 시.

그래도 슬퍼 마오. 영원히 내 할아버지, 할머니여!

비록 이 몸은 떠나도 마음은 영원히 당신의 품에서 살리라.

언제 어디서라도 항상 기도하고 염원하리오.

이 순간 슬픈 이별은 내일의 즐거운 상봉을 의미하고

다 함께 극락세계에서 만나게끔 염불하자오.

나무 서방정토 극락세계, 나무 아미타불.

청담 학원[3]

전생의 무슨 인연으로 학교와 인연을 맺었는지
나는 알고도 모르리라.
금생에 이와 같으니 내생에도 그러하리라.
학교를 이룩하여 그곳을 오고 가기를 몇 백 번, 몇 천 번이런가.
공연히 생각나서 울고 가고 울고 오고
또 울고 가고 웃고 오고
웃고 가고 울고 오기도 하였으며
언젠가는 웃고 가고 웃고 오기도 하였다오.
이젠 또 울고 가고 울고 오려니
진실로 가슴아프고 착잡하며
그 감개가 무량무변하도다.
정말 이젠 웃어야 하나 울어야 하나요.
모두가 꿈 속의 꿈이건만 공연히 언짢도다.
누가 무어라 하든
내 힘껏 내 소신대로 내 할 일을 하였으니

---

3 청담 학원青潭學園 : 스승인 청담 대종사의 법명을 빌어 혜성 스님이 창립한 학교
  법인. 그 산하에 청담 중학교와 청담 고등학교가 있음.

후회는 없도다.

내 손으로 더 발전시키지 못함이

안타까우나 이것도 어쩔 수 없는 인연법일 테니

이제 내 손을 들고 내 할 일만 하리니

100여 명 교직원과 3,000여 명 학생들이여!

아쉽고 가슴아픈 이별이다.

부디 그대들의 안녕을 빌고 비오.

부디 부디 우리 부처님의 뜻으로 모두 모두 더욱 더 발전하고

영원무궁하옵기를 저 멀리 어디서라도 울며 기도 하오리다.

인忍

참고 생각하며 기다려 보자.
사바의 모든 문제를 위해
후회없이 참다운 인생을 위해
참고 또 참으며
생각하고 다시 생각하며
참고 참을 수 있을 때까지
죽을 힘을 다해 참으며
견디고 또다시 기다려 보자.
급하면 돌아가고
괴로울수록 더 참으며
내일의 안녕을 위해 기다려야 하나.
진리는 항상 우리 가까이 있고
평상심平常心이 곧 도道라 하지 않았던가.
오늘이 어제의 열매이고
내일은 오늘의 씨앗이다.
어제와 오늘 또 내일의
자랑스럽고 보람찬 영원을 위해
항상 땀 흘리고 일하면서

묵묵히 참고 생각하며 기다려보면
만복萬福이 오고 참답게 웃을 수 있으리.

내 팔자

인생은 모두가 팔자 소관이란다.
그래서 너나 할 것없이 팔자를 탓하며 살아간다.
어이하여 내 팔자가 이 모양 이 꼴인가.
한탄하고 슬피 울어도 내 팔자 내가 지었지.
내가 지은 팔자 따라 인생이 변화 무상하니
인생의 즐겁고 괴로운 꿈이 펼쳐지도다.
내 팔자와 우리 인생이 한없이 돌고 돌아가서
무상한 세월 속에 어느 때나 멈출 것인가.
인생이 꿈이라면 팔자도 꿈일진대
괴로운 인생을 팔자 탓이라고
자꾸만 한탄한들 무엇하리요.
괴롭고 즐거운 인생도 꿈이 아닐까?
꿈속에 괴로움과 즐거움이 나와 무슨 상관이랴.
실로 모두가 꿈인 줄 안다면 이 세상 희로애락이
그대로 다 '꿈속꿈'일 텐데.
중생들이여 즐겁다 괴롭다 할 것 없고
여보시오 나그네여!
잘했다 못했다 시비분별 무엇하러 하오리까.

다만 무상한 세월 속에 꿈만 깬다면
그대로가 영원한 자유이며
이 사바가 자연히 극락세계 되리니.
내 팔자 한탄하며 괴로움에 울지 말고
어서 속히 꿈속에서 깨어나세.

나는 뛰었노라

나는 밤낮으로 뛰었다오.
어제도 오늘도 내일도 그러하리라.
나 자신을 위하여 뛰었으며
중생을 위하여서도 뛰었다.
나라 위해 힘껏 뛰었으며
부처님 법 위하여도 뛰고 뛰었다.
동서로 밤낮도 없이 뛰고 달리며
오직 일하는 보람으로 육신도 저버리고
언제나 한결같이 식음도 잊고서
우리 모두를 위하여 달리고 뛰었다.
누구의 명령으로 뛴 것도 아니요
무슨 큰 보람을 위하여 뛴 것도 물론 아니요
다만 내 일로 알고 할 일을 할 뿐이었으며
남이 알게 모르게 그저 뛰기만 했다오.
시대 사조도 모르고 뛰었으며
방향 감각도 모르게 달리고 뛰었으며
누가 뭐라 하든 뛰고 달린 죄밖에는 없노라.
오늘 이 순간 여기 타의로 묶여서

지난 날 뛰고 뛴 날을 돌이켜 보며
한없는 일들에 회한이 사무쳐
꿈 속에서 또다시 마음이 뛰고 뛴다.

이 나라가 잘 되어야

나라가 부강하고 발전하여야
그 백성이 안락하리요마는
가지가지 어려운 여건에서
참으로 어려운 일만 닥치니
어떻게 이 나라를 번성케 할까.
물질적으로 어렵다면
마음의 행복이라도 누려야 할 터인데,
그마저 정신계가 이러하오니
참으로 걱정이 태산 같구나.
이 나라가 잘 되어야
조상뵈올 면목도 서고
자손들에게도 떳떳할 것인데
진정 내 조국 내 형제의 영원한 안식처인 인연 국토.
이 나라가 잘 되도록 자나깨나 열심히 기도하고
염원하는 것밖에는 또 무엇이 있으리.

무無

무에서 와서 무로 돌아가는 인생이여!
무에서 헤매이다 무만 남기고 가는구나.
무상한 세월 속에 무엇하러 왔다가
공연히 죄업만 짓고 허무하게 살다가
영원히 돌이킬 수 없는 무로 되돌아간다.
온 것도 무요, 또한 갈 곳도 무인데
무가 유有를 낳고 유가 무로 탄생하여
할 일 없는 이 세상 바쁘고 고달프다.
애당초 알고 보면 모든 것이 무였는데
중생이 스스로 무다 유다 분별하여
온세상이 시끄럽고 복잡하구나.
만물의 근본인 무를 알고 보면
온세상 모든 분별 사라지고
무만이 영원 자유하다.
아! 무여! 도대체 무엇이 무인고.
볼 수 없고 들을 수 없으며 말할 수 없는 그곳에
언제나 상주불멸常住不滅 무만이 가득하다.

무심 無心

이래도 저래도 무심하고
좋고 나쁘고 모두에 한심하도다.
괴롭고 어려운 고비를 넘기니
이다지도 무심하고 무심할손가.
무심도인無心道人 태평이라더니
이 내 몸과 내 마음은 무감각으로 태평이라.
심신으로 괴로워 잠 못 이룸보다
어쨌든 태평하니 다행이요,
그렇게도 모든 것이 걸리고 괴로워
온갖 번뇌망상으로 몇 밤이나 지새웠던가.
나를 죽인다 살린다 한들 그것이 무슨 상관이요.
마음 하나 결정하고 생각하니
모두가 우습고 우스우며 무심하고 태평하도다.
나 아니면 아니된다 생각 버리고
누구라도 할 사람 많고 많으니
내 이제 손을 들고 무심하려니
만 가지 근심걱정 내 아랑곳할 게 아니요.
지나 온 25년, 부끄럽고 괴로우며 허망한 일에

얽매여 아등바등 중생심으로 이겨 왔지만
그 모두 꿈속의 헛일 아닌가.
내 이제 무심으로 내 고향 돌아가서
버려지고 상처난 내 마음을 닦으오리다.

신념

신념은 생명보다 귀한 것.
신념이 없는 자, 금수禽獸와 다를 게 무엇인가.
신념은 생명의 근원이요,
성공의 어버이란다.
그래서 신념무적信念無敵이라 하였겠지.
우리 모두 새로운 신념을 갖고
역사의 수레바퀴를 돌리자.
너도 나도 모두 다함께
이 뜻깊은 대열에 동참하여
신념과 용기를 가지고
자랑스런 이 시대를 장식하자꾸나.
신념없이 하는 일은 될 일도 아니 되고
설사 된다 해도 혼이 빠진 허수아비 사나이.
철석 같은 신념으로 무엇이든 한다면
두려울 것 없고 아니 될 일 없으며
제불諸佛이 도우신단다.

죽음

부처님께서는 일 찰나간一刹那間에
구백 생멸九百生滅이 있다 하셨지만
우리 중생은 숨 한 번 들이쉬고 내쉬지 못하면
문득 죽음이라 한다오.
이다지도 짧은 삶이 그렇게도 괴로운 삶이요,
극락이 그다지도 좋다 한다지만
고해의 이 삶을 버리고 갈 자 누구인가.
여보시요!
이 사바의 삶이 어떠하던가요.
괴롭고 또 괴로우며 참으로 괴롭소이다.
그러하다면 무엇하러 사나요.
우습고 우스운 딱한 일생살이로다.
나도 정녕 죽지 못해 사는 인생일런가?
살아도 죽음보다 못한 삶도 있고
죽어도 산 것보다 훌륭한 죽음도 있다더라.
우리 모두 다 함께 값있게 죽자꾸나.
우미 모두 다 함께 영원히 살아보자꾸나.

내 스승

내 스승은 누구일까.
부처님이 내 스승이시며,
나라의 모든 분이 스승이시며,
낳아 주신 부모님이 스승이시며,
가르쳐 주신 모든 분이 스승이시며,
돌보아 주신 모든 분이 스승이며,
산천초목이 내 스승이며,
비바람이 내 스승이며,
대자연 모두가 스승이며,
온세상 좋은 것도 스승이며,
온세상 나쁜 것도 스승이며,
있는 것 모두가 내 스승이며,
없는 것 모두가 내 스승이며,
중생계의 모두가 스승이며,
우주 만유宇宙萬有가 스승이며,
나 아닌 모두가 스승이니
이 법계에 스승 아니심이 없어라.

참회

참회가 없다면 인간살이 얼마나 적막할까?
참회하는 죄는 무섭고 더러우나
참회의 그 눈물은 아름답고 깨끗하다.
그러므로 참회하는 자 성자와도 같도다.
세계의 운명은 참회의 길로 얼룩졌다오.
참회의 눈물을 흘려보지 못했다면
참다운 인생을 말할 수 없으리.
부처님께서도 한없는 과거생에 참회를 하셨고
우리에게 참회의 길을 열어 주셨다.
이 길은 참으로 어렵고 험난한 고통의 길이요,
이 길이야말로
영원과 자유를 찾는 길이리라.
참회하면 고통도 근심도 모두 사라지고
맑고 밝은 태양 같은 자성自性을 찾으리라.
참회는 나를 살리고 나라를 깨끗하게 하며
지상 극락세계를 건설하는 지름길이다.
인류여! 우리 모두 참회하고 남김없이 참회하자.
너도 나도 참회를 웃으며 받아주자꾸나.

공든 탑

물질의 탑은 언제인가 무너져도
마음의 탑은 영원하다 한다면
진정 공든 탑이야 무너질 수 있을까.
내 이제 무너진 탑을 보고 한탄하지만
다시 일어서 정성 들여 다시 쌓고 또 쌓아서
영원히 무너지지 않는 탑을 세우리라.
남이야 무너진 탑을 보고 무어라 한들
그 탑도 내 마음으로 내가 쌓은 탑인데
후회 않고서 더더욱 견고하고 높은 탑을 세울 뿐이다.
무너지지 않으면 다시 쌓을 필요가 없고
쌓아 둔 높고 낮은 수많은 저 탑이 무엇이 귀하리.
무너져도 다시 쌓는 이 공든 탑이 귀하지.

은혜

부처님의 크신 은혜 언제 갚으리.
나라의 큰 은혜 잊지 못하리.
부모님의 태산 같은 은혜 고마우셔라.
스승과 중생의 여러 은혜 많고 크도다.
우리는 넓고 큰 은혜로 태어나서
크고 이 순간 호흡함도 자연의 은혜요,
주린 창자를 지탱함도 역시 은혜며
이 삶을 영위함도 생각하면 은혜가 아닌가.
크고 큰 많은 은혜를 알고 깊이 새겨서
영원히 고마워하며 그 은혜를 다 갚으세.

원망

우리는 너나 할것없이 원망을 잘 한다.
그러나 원망한들 무슨 소용 있으리오.
원망한다고 잘 된다면 원망만 하고 살리라.
원망이 쌓여 원한이 되고 갈수록 원수 되며,
원망하면 될 일도 아니된다오.
중생이 미혹해서 원망을 되풀이하지
참사람은 원망을 하라 해도 아니한다.
원래 모두가 알고보면 자기의 잘잘못이니
누가 어찌 내 일을 탓할 수 있을까?
잘 되면 자기의 탓이요, 못 되면 남을 원망한다.
원망 없는 세계는 진실한 믿음의 세계이다.
우리 모두 믿으며 살고 원망을 맙시다.
원망을 참으며 모든 것 인과로 믿고 참고 살아간다면
모든 원망 사라지고 그곳이 바로 극락세계라네.
행복의 근원은 원망을 없애는 데 있도다.

후회

인생은 누구나 후회를 잘 한다.
진정 후회하지 않을 자 누구런가.
짐승이라면 후회라는 말이 존재하겠는가.
그래도 인간이기에 후회를 하고 또 한다.
진정 성인聖人이라면 후회가 있을손가.
그렇다면 후회는 지극한 자기 반성이요,
다시 후회하지 않는다면 참으로 아름다운 것.
그러면 후회를 하는 것 부끄러운 게 아닐 수도,
내일을 위한 중생의 희망일 수도 있고,
영원을 향한 새로운 씨앗이 되리라.
우리 중생살이 모두 후회뿐이니,
너와 나 우리 모두 다함께 후회합시다.
그럼으로써 다시는 후회하지 않는 삶을 살아보자오.
참다운 후회는 훌륭한 내일을 창조하리.

이별

중생은 이별을 서러워한다.
그러나 이별은 새로운 만남임을 모른다.
이 세계의 이별은 잠시 헤어지는 이별부터
이 육신을 버리는 영육의 이별까지
많고도 슬프며 아프도다.
인간이 역사는 어머님의 뱃속에서 태어나는
희망찬 이별로 시작되어
자신과 육신과의 허무한 이별로 끝나는데,
이별의 이야기는 참으로 아름답고
또한 한없이 슬프고 슬프도다.
우리는 다겁생에 얼마나 이별의 고통을 당하였으며
또 미래생에 얼마나 이별의 아픔을 맛볼 것인가.
그래서 극락 도사 아미타불 님은
무량수 무량광⁴의 세계를 건설하고
이별이 서럽거든 오라 하였겠지.

---

4 무량수無量壽·무량광無量光 : 아미타불이 건설한 극락세계는 한량없는 수명(무량수)
   과 한량없는 빛(무량광)으로 되어 있음.

나는 가오리라.

우리 모두 함께 가자오.

이별없는 서방정토 극락세계 나무 아미타불 님께로.

잘 살아보세

인생이 무상하니 괴로워도 잘 살아보세.
모두가 업보라니 되는 대로 잘 살아보세.
인명은 정해진 것, 마음대로 죽지 못하니
그런 대로 잘 살아보세.
인생살이 꿈이라니 이리 저리 잘 살아보세.
인욕이 제일이다, 고통을 이기고 악착같이 잘 살아보세.
높푸른 이상과 희망을 안고 새 삶을 잘 살아보세.
살다보면 그래도 이 괴로움도 잊을 날이 있지 않으리.
언제인가는 고통 속에 살다 보면 괴로움도 잊지 않을까?
이 모두가 내가 지은 과보라니 다 받으면 이 괴로움 잊지 않으리요.
이 세상 이대로가 모두 꿈이라니
모든 괴로움 잊어버리자.
그럭저럭 될 대로 사노라면 그 괴로움 잊을 날이 있겠지.
죽었다 생각하고 참고 사노라면 모든 괴로움 잊으리라.
이제 꿈을 깨고 새 삶의 내 인생을 개척하자.
모든 고통 잊어버리고 웃으며 내 인생을 개척하자.
원대한 희망과 불 같은 용기로 내 인생을 개척하자.
너와 내가 다 함께 보람찬 내 인생을 개척하자.

중생의 보금자리 이 사바에서 내 인생을 개척하자.
우리 모두 영원하고 자유스런 내 인생을 개척하자.

용서

나는 용서하리라.
누구나 다 용서하고야 말리라.
그 미운 사람도 용서하고
원수 같은 그대들도 용서하며
나를 죽이려는 그 모든 중생들을
모두 다 마음 속 남김없이 용서하리라.
원수를 사랑하라고 부처님 말씀하셨고,
모든 원결怨結을 다 내가 지은 탓이라 하였으니,
내가 지금 풀지 않으면 어느 세월 풀어지며
저 딱한 중생 내가 사랑하지 않으면 누가 사랑할꼬.
꿈 깨고 보면 원수도 친구요,
마음 한 번 돌리면 그대로가 내 사랑인데,
우리는 원수라고 언제나 미워하고
꿈 속에 맺힌 한을 풀지 못하니 항상 괴롭고 고통스럽다.
너도 나도 서로 용서하고
나도 너도 항상 사랑하며 언제나 용서하는
자비의 마음으로 웃고 웃으며 살자꾸나.

누가 나를 죽이리요

이 세상에 가장 두려운 것이 무엇일까.
아마도 내 자신이 가장 귀하고 또한 가장 무섭다오.
그렇다면 누가 나를 해치고 죽이리요.
나밖에 누가 나를 죽이리요.
누가 나를 죽이고 살린다 해도
모두가 말뿐이지 나를 건드릴 수 없다.
바람 소리 물 소리 관여 말고
오직 한 길, 내 할 일만 한다면
영원히 살 수 있다오.
중생은 스스로 지어 업을 받고
스스로 죽음의 길을 갈 뿐이다.
내가 왜 죽음의 길을 가랴.
영원하고 자유로운 삶의 길로
쉬지 않고 가고 가리다.
그런데 누가 감히 나를 죽이리요.

용기

용기는 모든 성취의 어머니.
용기 있다면 아니되는 것 없도다.
용기를 잃으면 될 일도 아니되고
용기가 없다면 부처님인들 어찌하리까?
사바중생이여! 용기를 갖자.
힘찬 용기를 가지면 만난이 극복된다.
하늘보다 높은 용기가, 바다보다 넓은 용기가,
무쇠보다 단단하고 폭풍보다 힘찬 용기가
우리 모두에게 가득하도다.
이 용기를 개발하며는
이 세상 모든 일 어려울 것 없다네.
사바에서 좌절한 모든 이들이여,
새로운 용기를 내어다오.
쓰러진 당신들이여!
힘찬 용기로 다시 일어서자.
웃으며 재기하는 자 복락이 온다.
우차차! 우렁차게 용기를
우리 마음 속에 가득한 굳센 용기를 드높이자.

기다림

나는 철창 속 감옥에 있고
그 아무도 나에게 오지 않는데
공연히 기다리고 또 기다린다.
누군들 올 사람이 있을까.
오고 싶은들 누가 올 수 있으리.
그러나 모두를 그리워하고
그 모두가 한없이 보고 싶고
모든 것이 기다려짐은 중생이라 어이하리.
자유없는 이 방 저 방 넘어
한없이 지나는 저 사람들.
오락가락 잘도 달리는 저 자동차들.
그러나 모두가 나를 아랑곳하지 않고 지나가누나.
그래도 행여나 이 사람 저 사람,
이 차와 저 차를 유심히 쳐다보며
나를 알고 반겨줄까 요행을 기다리다
하루의 무심한 해도 지고 마네요.
오! 보고 싶은 나의 많은 인연들.
언제나 만나려나.

그대들이여, 오늘도 한없는 그리움과 기다림에 지쳐요.
허망한 꿈 속에서라도 당신을 만나서
한없은 이 내 심정을 호소하고 싶다오.
혹시 하는 마음으로 또 기다려 보지요.

운명

이것도 운명이란다.
또한 저것도 운명일까.
이 세상 모두가 운명이라고 중생은 운명을 탓한다.
잘 되어도 운명이요,
못 되어도 운명이라.
운명이란 두 글자는 좋고도 괴로운 것.
잘 되면 좋은 운명.
못 되면 괴로운 운명.
운명의 장난은 누가 만드나.
내 운명 내가 만들고 내 인생 내 스스로 짓건만,
운명도 인생도 알고보면 모두 내 탓이란다.
내 운명은 오직 내가 알 뿐이며
내 운명은 오직 내가 개척할 뿐이다.
우리 모두 운명에 울고 웃고
공연히 운명만 탓하지 말고
운명을 이기고 사는 우리가 되자.

잊어 주오

오! 사랑하는 당신이여,
나를 잊어 주오.
인연깊은 그대들이여,
나를 잊어 주세요.
나를 위하는 여러분! 저를 잊어 주세요.
이 중생 기억하는 여러분들도 잊고 잊어 주세요.
부처님마저도 저를 잊어 주세요.
업 많은 나는 영원히 영원히 떠나리니
죄 많은 나를 다시는 다시는 생각지 마옵고
제발 빌고 비옵나니 잊고 또 잊어 주세요.
잊지 못할 여러분의 그 크신 은혜
한이 없는 사랑과 고마움은 영원히 잊지 않으리
몇백 생을 두고라도 결코 잊지 않고
언제 어디서라도 태산 같은 빚을 갚고 또 갚으리요.
여러 깊은 나의 인연들이여,
참으로 감사하고 한없이 죄송하오며 영원히 잊지 않으리.
웃으며 다시 만날 그 날까지 결코 나는 잊지 않으리.
그간 잊고 또 잊고 모두 잊어 주세요.

대종사 품서식 후 청담문도스님들과 함께

제3장

불자가 불자답게 이렇게

꿈

중생들이 괴롭다 즐겁다
애착에 얽매이어 부처님께서는
이 사바가 꿈 같다 하시고
구경究竟에는 모두가 꿈이라 하시고
어서 어서 꿈을 깨고 해탈하라 하셨다.
정말 이 세상 모두가 꿈이요,
우리 모두는 꿈 속에서 살고 산다.

또한 우리는 꿈 속에서 꿈을 꾸며 꿈인 줄을 모르지.
생시도 꿈이요 죽음도 꿈이라면
사바의 괴로운 꿈을 깨면 무엇하리.
모두가 꿈 속에서 그 무엇이 옳고 그르며
어느 것이 잘하고 잘못하는 것이랴.
어쨌든 우리는 이 고통의 긴 꿈에서 깨어야 한다.
이 꿈을 깨면 부처요 못 깨면 중생이라오.
시비분별 많은 중생의 꿈을 어서 깨자.
꿈 깨면 상락아정¹ 영원무궁 자유 세계란다.

---

1 상락아정常樂我淨 : 상은 영원함, 락은 즐거움, 아는 나, 정은 깨끗함.

사바세계

우리는 모두 사바세계에 산다.

사바세계가 좋아서 서로 만났는지

싫어도 지은 업보로 함께 살아가는지

어찌됐든 함께 괴로워하고 웃으며 희망에 산다.

전생에 좋은 일을 많이 하였다면 극락에 갔을 텐데,

아니 전생에 나쁜 일을 더 했다면 지옥에 빠졌겠지.

극락도 지옥도 아닌 이곳에 우리는 모두 동업同業으로 태어났다.

웃어야 할지 울어야 할지 나는 모르네.

내생엔 극락에 태어나고 싶지만

무서운 고통의 지옥에 떨어질는지,

아니면 그렇고 그런 사바에 다시 환생할는지.

부처님 말고 나는 몰라 궁금하고 답답하다.

지은 것 없이 극락을 바라고

좋은 것도 없는 사바에서 또 본전을 찾으려 하지만

짓는 것이 지옥업이라 두렵기만 하도다.

극락과 지옥이 둘 아니요

사바와 천상이 또한 찰나간이라지만

과연 나는 훨훨 자유롭지 못해

사바의 삶이 안타까웁다.
사바의 형제여! 우리 모두 함께라면
지옥인들 사바인들 어떠하오며
극락세계라면 더더욱 좋고 좋을세라.

인과응보因果應報

콩 심어 콩 나고 팥 심어 팥 난다.
내가 악업 지어 내가 죄 받고
내가 선업 지어 내가 복 받는다.
전생에 좋은 인과 지어 금생에 좋은 과보 받고
과거생에 나쁜 인연 지어 금생에 나쁜 과보 받는다.
인과응보 수레바퀴는 어제도 오늘도 또 내일도
쉬지 않고 영원히 돌고 돌아간다.
인과의 힘은 천만 마리 마소가 끄는 힘보다 크다 하였지.
이와 같은 인과응보의 법칙은 철칙이건만
과연 인과를 믿는 사람이 몇이나 되랴.
인과응보만 믿으면 나쁜 짓 하라 해도 아니한다.
인과를 몰라서 죄 짓고 괴로워하는 중생들.
인과응보 알 듯하면서도 몰라서 자꾸 속아 빠진다.
악인악과惡因惡果 선인선과善人善果를 믿는다면
누구나 좋은 일만 하고 복 받지
누가 하필이면 나쁜 짓하고 죄 받으랴.
인연법을 믿고 믿으면 세계 평화 이룩되고
인연과보 깨달으면 극락세계 건설되며
인연법 잘 닦으면 우리 모두 성불하리.

마음

마음, 마음, 마음이 무엇인가.

마음은 어디에 있으며

마음은 보이지도 않고 말하지도 않는구나.

마음은 있는 것인가, 없는 것인가.

마음은 크고 넓은 것인가.

아니면 마음은 작고 좁은 것인가.

마음은 둥근가, 모난 것인가.

아니면 마음은 붉은가, 푸른가.

너도 나도 정작 모르는 게 이 마음 모습이다.

이 몸의 주인공이 마음이라 하였는데

주인도 모르고 일평생을 살아간다.

이 마음을 깨치면 부처라 이르고

내 마음을 못 찾으면 중생이라 부른다지.

마음은 만고에 자유자재.

이 마음은 영원히 불생불멸.

내 마음 찾고 찾으면

구경엔 깨달음을 얻고 성불한다오.

내 마음도 부처요 네 마음도 부처로다.

육도윤회 영단永斷하고 불생불멸 저 국토에

이 내 마음은 주인 찾아 억겁다생億劫多生 끝에 해탈이로다.

방황

나도 방황하고 중생도 방황하니,
인생은 어쩌면 방황의 역사런가.
나는 어제도, 또 오늘도, 또다시 내일도
항상 목적없이 방황하며 살아왔나보다.
내 인생의 방황은 언제나 끝나려나.
이런 삶을 다시는 더 살고 싶지 않소.
누가 못살게 자꾸 괴롭혀도,
아니 그 어느 누가 죽으라 권해서도 아니건만
어디론지 영원히 사라지고 싶소.
누구도 아무도 없는 곳만 있으면 그리로 가리라.
이 세상을 다 버리고 영원히 떠나고 싶소.
그러나 나는 떠날 자유도 없고 그렇게 갈 곳도 없사외다.
정녕 내가 설 곳이 없구려.
그렇다면 영원히 죽어버려야 하나요?
죽음이 끝이라면 죽고 싶사이다.
죽음이 끝이 아니라니 죽은들 또 무엇하리.
그래서 죽지도 살지도 못하고 이렇게 사나이다.
아무리 살고 싶어도 이 세상에 인연이 남았다면

살아야 한다더니 진정코 죽고 살고 하는 것이 뜻대로 아니되고
또한 살고 죽는 것이 모두 운명의 장난인가봐요.
운명에 방황하는 나그네 신세!
생사의 크나큰 고통의 바다를 언제나 뛰어 넘어 해탈하오리까?

인연

너와 나의 만남도 인연이요,
너와 나의 헤어짐도 인연법일러라.
전생에 무슨 인연 지어 이렇게 만나고
금생에 무슨 인연으로 이와같이 살다가
내생에 무슨 인연으로 다시 만날 것인가.
만나고 헤어지는 것 모두 다 인연의 법칙.
만나는 게 반드시 좋기도 하고
꼭 헤어지는 것이 나쁘기만 하리까?
무서운 원수도 만나고 다정한 권속들도 헤어지는데
우리는 누구나 사랑하는 것으로 만나고
미워하는 것은 헤어지기를 바란다.
그러나 사랑하는 이별을 자꾸 해야 하고
미워하는 원수는 자꾸 만나야 하는 게 고통스럽다.
이 사바의 산천초목부터 축생까지라도
나와 인연 지어져 이렇게 한 세상 살아가는 것은
다 내가 지은 전생의 깊고깊은 지중한 인연이라면
누구를 미워하고 누구를 사랑하리.
원수의 사랑도 알고보면 다 나의 인연이다.

이제 원수도 내가 지은 인연이라면 미워하지 말고
사랑의 이별도 인연 탓이라며 서러워하지 말자.
이제부터 나쁜 인연은 짓지 말고 좋은 인연 지으면서
인연 따라 웃으며 열심히 살아보자꾸나.

꿈 1

중생들이 괴롭다 즐겁다
애착에 얽매이어 부처님께서는
이 사바가 꿈 같다 하셨으며
구경에는 모두가 꿈이라 하시고
어서 어서 꿈을 깨고 해탈하라 하셨다.
정말 이 세상 모두가 꿈이요,
우리 모두는 꿈 속에 살고 산다.

또한 우리는 꿈 속에서 꿈을 꾸며 꿈인 줄을 모르지.
생시도 꿈이요, 죽음도 꿈이라면
사바의 괴로운 꿈을 깨면 무엇하리.
모두가 꿈 속에서 그 무엇이 옳고 그르며
어느 것이 잘하고 잘못하는 것이랴.
어쨌든 우리는 이 고통의 긴 꿈에서 깨어야 한다.
이 꿈을 깨면 부처요, 못 깨면 중생이라오.
시비분별 많은 중생의 꿈을 어서 깨자.
꿈 깨면 상락아정常樂我淨, 영원무궁 자유세계란다.

꿈 2

부처님께서 이 세상 모두가 꿈만 같다 하시고
또한 온세상 이대로가 다 꿈이라 하셨건만,
그대로 이 현실 이 모두가 참인 양 여겨
이렇게 집착하며 괴로워하고 있음이 현실이다.
이 괴로운 현실을 꿈으로 알고
어서 속히 깨어났으면 얼마나 좋으리.
꿈 속에 시비분별 선악이 있을손가.
너도 나도 사바의 꿈을 깨고 보면
본래가 천진불天眞佛이 아니리까.
이 괴로운 꿈도 내가 지은 업보의 꿈이요,
모두가 인과응보라면 누구를 탓하리.
행복한 꿈도 언젠가는 깨어나야 하는데
하물며 고통의 꿈이야 어서 깨어나야지.
중생이여! 너도 나도 어서 빨리
영겁의 꿈 속에서 잠을 깨자꾸나.
꿈 깨면 영원한 자유 해탈의 세계란다.

한심하오

꿈 같은 이 내 인생 생각하니 한심하다.
떠도는 이 내 인생 허무하고 한심하오.
그동안 공부 않고 쓸 데 없는 일만 하다가
이렇게 되고보니 한심하고 한심하다.
그렇게도 갈구하던 생사해탈은커녕
요모양 요꼴이니 기가 차고 한심하다.
몇십 년을 허송세월 꿈만 꾸고
헛된 일만 무수히 하고 또 하였구나.
무엇 하나 뜻대로 아니 되고
모든 일이 말도 많고 많구나.
중생의 일이 이런들 어떠하며
세상 일이 저러한들 또 어떠하리요마는
아직도 그 테두리, 그 안이라서
들으니 병이요, 안 들으면 약일러라.
생사대사生死大事를 뛰어 넘으려다
얄궂은 세상 일에 걸리고 보니
애달프고 한심하다.
이 세상 모든 일이 허망하고 한심하며,

세상의 오욕락 버리고 출가하여
또다시 한심인 줄 이제 또 알았으니
허망하고 한심한 일 영원히 하지 말고
우리 모두 올바르고 진실한 일 실천하며
다같이 공부하고 깊이 깊이 깨달으세.

인욕 忍辱

만복의 근원은 인욕에서 온다 하였으나
어느 누가 인욕하기 좋아하랴.
어려우니 인욕보살 추앙을 받지.
사람은 누구나 되는 대로 살고 싶은 게 중생심인데
그래도 참고 또 참고 사는 게 장하도다.
마음대로, 생각대로 한다고 될 것이 없고
자꾸 자꾸 화근만 자초한다.
억지로 참으면 병이 되고 진심으로 인욕하면 복락이 온다.
참고 살아가는 미덕은 만사 성취요,
인욕은 안락을 가져오는 열쇠라지.
부처님도 과거생에 인욕보살행으로
오늘날 만중생의 어버이가 되셨다.
우리도 부처님 뜻 따라 인욕행을 닦아
구원겁久遠劫의 업장을 소멸하고
새로운 명命과 복福을 인욕으로 닦아보세.

무상無常

한 평생 정성들여 갈고 닦아서
힘들여 얻은 것 모두 잃고서
허탈감에 괴로워 울고 운다.
그러나 정신 차려 알고보면
이 몸도 버릴 건데 무엇이 귀한가.
그 모두가 허망한 꿈 속의 일이요,
쓸 데 없는 일만 하였도다.
그래서 삼계도사 부처님께서
사십구 년 팔만대장경 설법하심이
무상이란 두 글자가 아닌가.
참으로 무상하고 무상하다.
어리석은 저 중생들은 인생무상
모르고 울고 웃고 왜들 저러는지?
무상하고 무상하도다.
무상한 인생꿈을 깨어보세.
영원하고 자유자재한 극락세계란다.

해탈解脫

영원히 대자유를 얻고자 사바에 왔는데
'꿈속꿈'에 얽매여 사생육도 헤매다가
탐진치 삼독[2]에 걸려 오늘 여기 서 있네.
여보시요! 우리는 어디서 왔는가.
또한 어디메로 가야 하나요.
저 하늘에 무심한 구름 따라
한없이 오고 또 가고 몇 억겁이던가?
말없이 서 있는 저 북악산같이
언제나 육도윤회 멈출 것인가.
걸림없이 유유자적한 저 구름과의 대화에서
다겁생에 쌓은 업력의 꿈을 깨워 주고
부동한 저 태양의 말없는 교훈이
한없는 용맹심을 나에게 불러 일으킨다.
깨어나자! 어서 구원의 꿈을 참회하자.
어서 영겁의 업장을 녹이기 위해 용맹정진하자.

---

2 탐진치貪瞋癡 삼독三毒 : 불교는 중생을 중생이게 하는 탐욕(탐), 성냄(진), 어리석음
  (치)을 마음에서 작동하는 세 가지 독(삼독)으로 본다.

이제 자유스런 해탈을 이루기 위해 똑똑히 알았노라.
저 구름이 가고 이 태산이 부동한 도리를 보아라.
삼천대천세계三千大千世界3가 모두 미묘한 해탈법이로다.

---

3 삼천대천세계三千大千世界 : 우리가 사는 이 세계 천 개를 소천세계小千世界라하고,
   소천세계를 천개 합친 것을 중천세계中千世界, 중천세계를 천 개 합친 것을 대천세계
   大千世界라 함. 삼천대천세계는 대천세계 삼천 개를 의미하는 말로서, 상상할 수
   있는 가장 큰 세계를 의미함.

포기

나는 모두를 포기하련다.
이십 년 생명을 바쳐 이룩한
자랑스런 우리 대도선사도,
심혈을 쏟아 건립한 청담 학원도
애쓴 보육원도 피어린 양로원도
피땀 어린 모든 것을.
승직마저도
그간 이룩한 국내의 모든 일들도
나의 모두 모두를 남김없이 포기하련다.
마지막 생명인 승직도 버렸다.
45년의 짧고도 긴 인생도 버리고
25년간 갈고 닦은
승려의 모든 것도 버리고
내 남은 생명도 버리라면 버리리다.
사나이 대장부가 무엇에 걸리리.
출가 입산할 때 이미 다 끊고 버렸는데
다시 무엇을 연연할까?
공연히 내가 옳고 네가 그르다고,

내 것이고 네 것이라고 바둥거리지만
모두가 허망한 꿈 속의 일이다.
언제인가 버리고 버릴 것인데
좀더 빨리 버리고 포기한다고
무엇이 그렇게도 언짢으리까.
명예롭고 자유롭지 못함이
안타깝고 가슴 아프지만
그것 또한 이러나 저러나 알고 보면 다 한 가지.
이제는 다 버리고 포기하고 말았으니
가볍고 자유롭게 인연 따라 한없이 노닐다가
영원히 자유로운 부처님께로 가서 살고 싶소이다.

님

내 님은 누구인가요.

사랑하는 내 님은 이 세상에 있는가?

영원한 내 님은 부처님뿐이신가.

먼저 가신 스승일런가, 살아 계신 부모님일까.

아니면 어여쁘신 그 님은 어디 계실까.

항상 관세음보살 같으신 내 님의 곁으로

단숨에 달려가고 싶소이다.

나에게도 있을 법한 그 님은 어디서 무얼 하나요.

사바에 아니 계시고 극락에 계시나요.

아니면 지옥중생 제도하러 가셨나요.

어쩌면 그렇게도 말이 없고 형체도 보이지 않으오이까.

어디서 나를 미워하는지 원망하는지

영영 나를 저버리고 잊었는지

아니면 나를 그리워하고 찾고 있는지

님이여! 한없이 보고 싶다 못해 밉소이다.

영원한 내 님이여,

애타게 만나고 싶다 못해 원망스럽소이다.

영원한 내 님이여,

밤이 새도록 호소하고 싶으오.

이 밤이 깊도록 불러 보고픈 내 님이여.

어서 나에게로 돌아와 나타나 주오.

괴로운 이 밤이 다 지나도 님은 영원히 아니 오누나.

그래도 내 님 곁으로만 맴도는 이 마음

내일도 모레도 영원히 내 님을 찾아 보리라.

꿈 속에서라도 만나고픈 내 님이여.

우리는 영원히 몸과 마음으로 하나가 되어

극락도 이 사바도 저 지옥일지라도 함께 가자오.

내 님 찾아 천리만리라도

억겁다생 반드시 찾아서 함께 살리라.

큰스님! 9주기

11월 15일은 우리 그 님 가시고 다시 오신 날.
큰스님 가신 지 어언 아홉 돌.
어제같이 생각되오마는 벌써 9주기라니
큰스님 마지막 우리에게 남기신 말씀은
"육신은 변해도 법신은 영원하다."고 하지 않으셨던가.
진정 큰스님의 육신은 가셨어도
그 장한 법신은 영원히 우리와 함께 있도다.
큰스님 가셨을 때 큰 슬픔도
한 해 두 해 이제 아홉 해가 되니
모두 잊어버리고 우리 큰스님 다시 오신 날로 생각하여
우리들은 광명등 달고 웃으며 큰스님 뜻 기린다.
불교정화 중흥불사 근대화를 위해 신명을 다 바치시고
칠십 년 사바의 한 평생 큰스님은 파란곡절.
모든 근심걱정 또한 말 못할 고행길에
중생 위해 몸과 마음 다했건만 가지 가지 말도 많았지.
그래도 구경에는 큰스님 극락왕생하시고
이제는 만중생 우러러 모두 추모하니
큰스님 우리 보고 자비롭게 웃고 계신다.

큰스님 9주기 다시 오신 날에 못 뵈오면

내년 10주기, 그 언제나 또 뵈오리까.

11월 15일. 내 자유의 몸 되어 참례하고

우리 큰스님께 하소연하고 예배드릴 수 있을까?

우리 큰스님 보일 면목 실로 없다마는

누구나 나를 욕하더라도 그래도 우리 스님 청담 큰스님.

나의 종아리 때리고 용서하시고 반기며 지혜 주시리라.

나의 스승 청담 큰스님께로

어서 어서 한없이 달려가고 싶소이다.

방생放生

방생방생放生放生 자비방생慈悲放生.

구고구난救苦救難 자유방생自由放生.

잡히어 죽을 목숨 살려주는 부처님 마음.

어리석어 비명에 가는 중생을 건져주는 자비심.

우리는 산 것을 죽이지 않을 뿐아니라 죽어가는 것도 살려준다오.

내가 죽을 때 살려 준다면 얼마나 고마우리.

내 목숨, 네 목숨. 생명은 모두 귀중한 것.

생명에 귀천이 있을손가.

내가 저 중생 살려주면 저 중생도 나를 구한다.

금생에 못하면 내생에라도 은혜 갚는 인과의 법칙.

너도 나도 중생을 죽이지 말고

우리 모두 죽어가는 것을 살려줍시다.

미물 중생 물고기, 새 한 마리도 살려주면

제불諸佛이 즐거워하시고 무량수복無量壽福 내려 주신다오.

웃으며 즐겁게 모두 함께 방생하여

수희공덕隨喜功德 누리고 부귀영화 행복하세.

부처님 너무하셔

우리 부처님은 참 너무하셔.
이 중생 외면하시고 모르는 척하시니
부처님께서도 영험이 없으신가 봐.
안 그러시면 왜 가만히 계세요.
언제까지 그렇게 계실 건가요.
정 미우시면 저를 때려 주시고 벌이라도 더 주세요.
아무리 밉고 큰 오역죄 지었다 하더라도
부처님은 언제 어디서라도 나타나셔서
견져 주시고 보살피시며 버리지 않으신다더니,
이렇게 고통받으며
당신을 간절히 찾고 부르며 애원하건만
이제까지 모르는 척 정말 너무하셔요.
당신의 말씀대로 이렇게 참회하고
당신을 찾아도 모르는 척.
귀신도 빌면 들어준다고 하던데
우리 부처님은 단단히 화가 나셨나봐요.
부처님 뜻 항상 지키고
부처님 말씀 하라는 대로 열심히 뛰고 뛰었는데

왜 삐치시고 노여워하시나요.
부처님 정말 원망스럽소이다.

아차 꿈이었구나.
부처님 정말 죄송해요, 또 업을 지었네요.
이제부터라도 정신차려 간절히 기도하면
당신의 손길을 염원하옵고
참고 견디며 기다리면서 업장소멸하오며
다겁다생 지은 업보 남김없이 참회하오리다.
우리 부처님 자비하신 신통력 영원히 나는 믿고 바라련다.

부처님이 도우신다

항상 정의롭고 언제나 바른 일 하면
부처님이 알게 모르게 도우신다.
제불보살은 항상 정의 편에 선다오.
멋모르는 중생이 제 소견대로 무어라 해도
부처님만 옳다면 걱정할 것 없다오.
좋은 일 하면 욕만 먹는 게 이 사바요,
시기질투 모략시비 많은 이 세상이라지만
부처님은 자세히도 알고 계시리.
허망한 꿈 속의 쓸데없는 시비분별은
원래 내 아랑곳할 바 아니요,
부처님의 장한 뜻만 알고 행하면
미혹한 중생이야 알아주든 말든
언제나 즐겁고 안락한 삶이로다.
더더욱이 부처님만 도우신다면
이 사바도 극락세계 된다 하였다오.
부처님이시여! 중생의 서원 다할 때까지
언제 어디서나 항상 도와 주소서.

공부

인생은 무상하다. 공부하고 공부하세.
인생은 무상하다. 공부하고 공부하세.
공부하기 위해 부모형제 버리고 출가하였지만
공부는 멀리하고 헛된 일만 하면서
공연히 태산 같은 업만 짓고 지어
죽을 때까지 미친 짓만 할 것인데
그대들이 나에게 공부를 하도록 하였네.
때늦은 이제라도 정신 바짝 차려서
내 공부 내 일만 하게 되었으니
참으로 다행하고 다행하도다.
구원겁래久遠劫來 지은 업장 씻어버리고
괴롭고 무거운 그 짐을 부처님이 벗겨 주시고
선도 악도 내 스승이라 무상한 이 세상에
그 모두가 무상인데 무심한 마음으로 다시 발심하여,
내 이제 가벼운 마음으로
손을 들고 즐겁고 기쁜 마음으로
시비분별 잘난 체 그만하고
정신 차려 삼계도사 부처님 공부
오로지 내 공부를 하오리다.

악업 惡業[4]

허구많은 세상살이에 하필이면
왜 악업을 지으며, 구태여 그 일 아니면 밥 못 먹을까?
전생에 지은 업보도 무서운데
금생에 그런 악한 업만 자꾸 지으면
내 생에 그 무서운 과보 어찌하리까?
그대여! 전생에 무슨 원결을 맺었기에
여보! 금생에 부모 죽인 원수도 아닐 터인데
공연히 사람을 한없이 치고받고 무조건 덮어 씌우며
모든 것을 믿지 않고 의심하고 몰아붙이며
자나깨나 언제나 괴롭히니
그 무서운 눈,
그 거친 행동과 쌍말로
언제나 악하게 그런 마음으로 살아간다면
여보시오, 그대는 얼마나 즐겁고 행복하오?
진정 살아서도 그대로가 지옥이며

---

4 10·27 법난 당시 스님을 취조하고 고문하던 수사관들에게 부처님의 인연법을 들려
   주며 교화하는 마음으로 쓴 시.

죽어서도 틀림없이 화탕지옥 아니런가?
부처님 말씀에 이르기를
중생의 모든 짓은 인과응보 역연하다 하셨으니,
어리석은 저 중생들아! 참으로 인간이 인간을 어이 심판하며
깜깜한 그대가 무엇을 알고 잘났다고
누구를 억지로 잡아가려느냐.
제발 빌고 비옵나니
나의 고통보다 그대들이 참으로 불쌍하고 가엾으니
이제 더 이상 그 악한 업일랑은 짓지 마소.

이 생명 다하도록

이 사바에 인연이 있어 여기 왔도다.

인연이 다하도록 사바에 살리라.

이 생명이 다하도록 열심히 일하고 정진하오리.

이 생명 아낌없이 바친다면

어떤 어려움도 성취하리다.

이 생명 아낀다고 영원히 살고

이 목숨 버린다고 죽지 않는 법.

모두가 인연 따라 오고 갈 뿐.

이래도 한 평생 저래도 한 평생.

이 생명 다 바쳐 미련없이 부처님 일 하면

비록 사바라 하지만 안락하리다.

이제라도 늦지 않으리.

우리 부처님이 굽어 살피시고

이 중생 위해 할 일 있다 하오면

언제라도 이 생명 바치리.

동업중생⁵

너와 나는 억겁의 동업중생.
극락도 지옥도 같이 가고 함께 왔도다.
웃어도 함께 웃고 슬픔도 같이했네.
이제까지 일한다고 동서남북으로 힘껏 달리고
오늘은 또 이렇게 함께 울어야 하나.
동업중생이라지만 너무도 무상하고 야릇하다.
나는 이렇게 왔더라도
너만이라도 자유롭다면 얼마나 좋고 다행한 일이거늘
너마저 나와 함께 이렇게 되었으니
더더욱 이 내 가슴 아프도다.
이 모두가 과거생의 인연소생因緣所生이면
누가 감히 인고를 어쩔 수 있으리만
그래도 눈 감은 중생이라 가슴 아프다.
이제부터 어서 닦고 닦아서
다시는 이와같은 불행한 과보 받지 말고
극락세계에서 만나는 동업중생 되자꾸나.

---

5 동업중생同業衆生 : '동업'은 '같은 업을 지음'의 뜻. 불교는 같은 업을 지은 중생은
  같은 장소에서 만나게 된다고 말함.

법法

법 앞에는 만 사람이 평등하다.
부처님 앞에서도 만 사람이 또한 평등하도다.
죄 지은 자에겐 법은 진실로 무섭고
착한 사람은 법의 보호를 받는다.
마음이 죄 지으면 부처님 뵙기 무섭고
선행을 닦으면 우리 부처님 반기신다.
부처님과 법은 중생을 위하여 존재하는데
중생은 부처님과 법을 외면한다.
중생은 스스로 죄지어 부처님 법을 원망하고
중생은 스스로 좋은 일하여 무량광명 복 받는다.
죄 지은 중생들이여! 괴로워 말라.
이 순간 뉘우치면 볼보살이 웃으시고
무서운 법일지라도 살 길이 생긴다.
너도 나도 동업으로 이 사바에 왔는데
우리가 중생인들 어찌 죄 안 짓고 살리요.
내 지은 죄업 부끄러워 말고 다시 새 마음으로 원을 세워
억겁다생 지은 죄업도 한 순간 뉘우치고 참회하면
자유롭고 안락하며 광명한 극락세계란다.

무상

제2부

엄혹한 겨울에서
다사로운 봄으로

혜성 스님 관련 글 모음

삽화 · 윤순호

자비의 그늘과 지혜의 햇살

혜성 스님이 걸어간 길

● **이성수** 불교신문 기자

"자비의 그늘에 우리의 마음을 두고 지혜의 햇살로 이 고해苦海를 극락으로 바꾸지 않으면 인생의 보람은 없습니다. 육신이 '참나'는 아니며, 마음 그것이 곧 참된 인생길을 닦는 근본 바탕입니다." 혜성 스님이 1978년 2월 《이 마음에 광명을》을 펴내면서 쓴 '머리말'의 일부이다. 이 글은 세간의 학문을 익히고 출가하여 수행하면서 출가자의 길을 묵묵히 걸으며 지혜와 자비를 구현한 혜성 스님의 삶을 상징적으로 보여준다.

스님은 1937년 7월 5일(음력 5월 27일) 경북 상주시 모서면 도안리 433번지에서 부친 이우현(승택) 거사와 모친 이태임 보살의 장남으로 출생했다. 속명은 이근배李根培. 부유한 환경은 아니었지만 신심이 깊은 부모님의 영향을 받아 성장하면서 출가 전에 이미 서암西庵·청담青潭 스님을 친견하며 불교와 자연스럽게 인연을 맺었다. 이때 청담 스님이 "근배는 선근종자善根種子가 있으니, 장차 기린麒麟의 머리가 될 것"이라며 칭찬했다고 한다. 소년 근배는 엄격하면서도 자비로운 양친 사이에서 훌륭한 가정 교육을 받았고, 형제들과 우애있게 지내며 성장하면서 상주 모서초등학교, 상주중학교, 대전공업고(현재 한밭대학교)에 다니며 공부를 했다. 총명한 머리로 누구보다 열심히 배우며 두각을 나타내었고, 친구들과 다투지 않는 따뜻한 심성으로 선생님들의 기대를 한 몸에 받았다.

그러던 중 초등학교 5학년인 여동생 명숙明淑이 갑자기 세상을 떠나는 일을 겪으면서 스님은 생사生死의 근원적인 문제에 관심을 갖게 되었다. 그러던 차에 상주 은적사에 주석하고 있던 서암 스님에게 "참 삶의 뜻은 어디에 있는가?"라는 내용의 법문을 듣고 출가를 결심했다. 사랑하는 동생의 죽음이 스님의 삶을 변화시키는 계기가 된 것이다. 효심이 깊은 스님에게 부모 형제와 이별하여 출가하는 것은 쉽지 않은 결정이었지만 세간의 행복 보다는 출세간에서 깨달음을 성취해 중생 구제를 실천하겠다는 원력을 세웠다. 고등학교를 졸업한 혜성 스님은 앞서부터 인연이 있던 청담 스님을 은사로 모시고 출가했는데, 이 때가 1956년이다. 이후 스님은 한국불교의 정통성을 회복하고 청정승단 구현을 위해 정화불사淨化佛事의 깃발을 높이 올린 청담 스님을 시봉하며 수행자의 위의를 갖추어 나갔

다. 평생 출가자의 길에서 벗어나지 않고 오롯이 정진할 수 있었던 힘의 배경에는 청담 스님의 제자라는 자부심이 있었다. 혜성 스님은 청담 스님의 열반 후에도 은사의 뜻을 선양하기 위해 다양한 노력을 기울인 효孝상좌였다.

스님은 출가 이후 매일 일기를 쓰면서 출격장부出格丈夫의 삶을 간절하게 발원했다. 젊은 시절 한 수행자의 고뇌와 기개가 고스란히 들어 있는 일기의 한 대목을 살펴보자. "이 세상 누구도 온 길을 가야 하고 가면 또 다시 어디로든지 다시 태어나는 것이 인생인데, 이 육도윤회를 언제나 끝낼 것인가…. 나면 가야 하는 것이 우주의 철칙인데, 이를 초월해 보려고 발버둥치는 당돌한 이 몸은 과연 언제 어디로부터 와서 또 어느 날 어디로 갈 것인가? (…) 참된 현실을 바로 깨기 위하여 미혹한 마음을 하루 속히 씻어 참다운 배움 길에 들어서 현실을 간파코자 몸부림치는 이 순간이 즐겁지 않으랴!"(1959년 12월 17일)

은사 청담 스님 회상에서 정진하며 부산 범어사에서 종정 동산東山 스님에게 사미계와 비구계를 수지함으로써 본격적으로 수행자의 길에 들어섰다. 부처님 가르침을 바르게 익히기 위해 교학 연찬과 참선 정진을 하는 동시에 청담 스님과 동산 스님의 뜻을 받들어 불교정화 완수에도 힘을 보탰다. 도선사 삼각선원에서 하안거를 성만하고 실달승가학원 대교과를 마쳤다. 삼각선원에는 청담·성철·서암·법전 스님 등 당대의 선지식에게 방부를 들여 정진하며 간화선의 진수를 맛보았다. 훗날 혜성 스님이 '선종禪宗 구산선문九山禪門의 형성形成 고考'라는 제목의 논문으로 동국대 대학원에서 석사학위를 취득한 것도 참선 수행의 중요성을 인식하고 있었기 때문이다. 현대학문의 필요성을 느낀 혜성 스님은 동국대 불교학과에 진학해 학부와 대학원 석박사 과정을 마쳤다. 내전內典과 외전外典을 두루 겸비하며 현대 사회가 요구하는 출가수행자의 위의威儀를 갖춘 스님은 공부의 결과를 회향하기로 원력을 세웠다.

스님은 불교가 산중山中에만 머물지 않고 중생이 살고 있는 시중市中으로 나와 전법傳法과 제도濟度를 해야 한다는 소신을 갖고 있었다. 사회와 소통하지 않는 불교, 중생을 외면하는 불교는 생명력을 가질 수 없다는 믿음으로 수행하면서 공부한 결과를 교단과 세상을 위해 회향하겠다는 발원을 실천했다. 1970년대 중반 신아일보에 기고한 '육바라밀'이라는 제목의 글에는 스님의 이러한 원력이 잘 나타나 있다. "불교가 관념적이고 피상적인 종교냐 하면 그렇지 않습니다. 우리는 보리菩提를 구한다는 말을 자기 안주安住를 위한 소아적인 개념으로 해석하기 쉬우나, 불교를 실천 수행함에는 여섯 가지의 큰 덕목이 있으니 이를 가리켜 육바라밀이라고 합니다."

불교의 가르침이 뜬구름 잡는 이야기나 하는 관념적인 종교가 아니라, 깨달음을 구체적으로 실천하는 현실적인 종교라는 생각을 굳힌 스님은 자리自利보다는 이타利他를 위한 삶의 자세를 버리지 않았다. 중생을 차안此岸에서 피안彼岸으로 인도하는 뗏목인 바라밀婆羅蜜을 지침으로 삼은 것이다. 사私보다 공公을 우선하며 수행자의 길에서 벗어나지 않은 스님이 이후 도선사 사격寺格을 일신하면서 종단·교육·복지·사회에 관심을 두게 된 것은 자연스러운 일이었다.

혜성 스님은 은사 청담 스님을 모시고 도선사 재무로 봉직하면서 호국참회원을 건립하고 백운정사를 신축하는 등 차근차근 도량을 정비했다. 또한 도선사 주지를 역임하면서 청담 대종사 사리탑 비명 건립, 안양암 신축 불사, 청담로 정비 및 일주석 건립, 산문 입구 주차장 완공 및 석가모니불좌상 조성, 천불전 불사, 독성각 신축 불사 등 천년 고찰의 위상을 제고했다.

이와 더불어 팽성중학교를 인수해 학교법인 청담학원을 세워 청담중학교와 청담고등학교에서 수많은 인재를 양성했다. 또한 김기용 보살이 운영하던 보육원을 인수해 사회복지법인 혜명보육원으로 개편해 복지불사의 장을 열었다. 청담학원과 혜명복지원은 도선사가 운영하도록 했다. 그리하여 도선사가 스님들의 수행도량이자 신도들의 신행공간이면서 우리 사회에서 필요로 하는 일을 실천하도록 토대를 구축했다.

전국 제일의 전법도량으로 도선사를 장엄하고자 한 스님은 특히 젊은 세대를 위해 일요선원日曜禪院을 개설해 운영했다. 일요일 뿐 아니라 평일에도 20~30명의 대학생이 도선사 일요선원에서 참선수행을 했다. 1974년 8월 20일자 조선일보에 실린 '참선으로 더위를 이긴다-도선사 자비도량 대학생들'이란 기사에서 당시 대학생들의 선을 지도한 혜성 스님은 "서양의 지식과는 달리 동양의 예지叡智는 선禪에서 나온 것이라 할 수 있다."면서 "예지의 주인공인 젊은이들이 선에 관심을 갖는 것은 당연하다."고 밝혔다. 이어 스님은 "이런 경향을 토대로 '생활시선生活是禪'의 선 인구를 확대해 사회일반의 정신적 안정에 기여하고 싶다."고 밝혔다. 청담, 성철 스님을 모시고 삼각선원에서 안거를 지낸 이력이 있는 혜성 스님은 수행의 근본에 참선 수행이 자리 잡고 있었음을 확인할 수 있는 일화이다.

남다른 식견識見으로 미래를 내다보면서 현실 속에서 불교의 역할을 실천하기 위해 노력한 혜성 스님은 종단의 부름을 받았다. 1969년 조계종 총무원 재정국장을 시작으로, 중앙종회 의원(3대, 9대, 10대), 총무원 사회부장, 대한불교신문(지금의 불교신문) 편집 간사는 물론 세계평화촉진종교지도자대회 한국대표, 세계불교지도자 조직위원회 재정부장, 대한불교총연합회 이사장 등을 지냈다. 정화불사에 참여하고 이후 출범한 통합종단의 안정을 위해 스님을 모든 노력을 다했다. 종단 재정이 넉넉하지 않은 상황에서 재원 마련에 노고를 아끼지 않았고, 총무원 부장과 중앙종회의원을 지내며 종단의 초석을 놓았던 것이다.

당시 혜성 스님은 흔한 시계나 가죽 구두도 없이 검정 고무신과 면장삼으로 인욕과 검소의 모범을 보이며 종단의 공직을 수행한 것으로 유명하다. 서옹·경산 스님 등 어른 스님들이 "부처님 돈을 참으로 맑고 깨끗하게 쓴다."라고 칭찬한 일화만 보더라도 혜성 스님이 소임을 어떻게 보았는지 짐작할 수 있다. 중앙종회의원 시절에서는 교화분과위원장으로 전법도생傳法度生을 실현하기 위한 종단의 역할을 모색하고 관련 제도와 법령을 정비하는 입법立法 활동에 매진했다. 사회부장으로 있으면서는 종단 내부의 갈등을 수습하고 대사회 활동 방안을 수립하여 실천하는 등 최선을 다했다. 특히 사회부장 재직 시절에는 부처님오신날이 법정공휴일로 제정되는 데 일익을 담당했다. 총무원에 근무하면서 스님은 사회와 소통하기 위해 동아일보·조선일보·서울신문·신아일보 등 각종 매체에 불교의 가르침을 전하기도 했다. 산중山中에 있는 불교라는 이미지에서 벗어나 세상과 소통하는 불교라는 이미지를 부각시키는 효과를 거두었다.

스님에게 또 하나의 화두는 교육이었다. 아무리 훌륭한 교단과 제도를 갖고 있더라도 인재를 양성하지 하지 않으면 불교의 미래가 없다는 확신에서 비롯됐다. 1975년 인수한 평택의 팽성중학교를 은사 스님의 법명으로 '청담학원'이라 이름 짓고 교육입국敎育立國과 인재양성의 원력을 실천했다. 스님은 청담학원 이사장으로 자비·정진·지혜를 교훈으로 정해 실력·인성·불심을 겸비한 인재를 양성하여 사회의 기둥이 되도록 했다. 이후 청담고를 개교하면서 현대식 교사校舍를 신축하고 1986년에는 현관에 관음보살 입상을 건립한데 이어 이듬해에는 학교법당 '청담정사靑潭精舍'를 준공했다. 청담학원이 불교와 청담 스님의 가르침에 근거한 교육사업을 펼치도록 기초를 놓았던 것이다. 이와 더불어 스님은 평소 인연이 깊은 김맹석 보살의 권유로 유원대학교와 형석중고등학교를 운영하는 형석학원(현재 금강학원)의 이사로 참여하는 등 교육을 통한 인재양성에 힘을 보탰다.

인천人天의 사표師表가 될 수행자를 길러내는 중앙승가대학에 큰 관심을 기울인 것도 인재양성의 중요성을 인식하고 있었기 때문이다. 1988년 석주 스님에 이어 제3대 학장으로 취임한 혜성 스님은 건립 부지와 건축 비용 마련을 위해 노심초사했다. 방책을 마련하기 위해 동분서주한 결과 불교계 숙원인 중앙승가대의 4년제 대학 학력인정 인가를 받는 성과를 거두었다. 1990년 불교신문과의 인터뷰에서 혜성 스님은 "이제 중생제도와 포교에 적극적으로 나서기 위해서는 승려의 기본교양과 전문화, 현대화된 능력이 필수"라면서 "학문과 수행을 겸비한 현대적 전문분야의 교육에 힘쓰겠다."고 중앙승가대학의 비전을 밝혔다.

이밖에도 스님은 안암동(개운사) 학사 정진관 준공, 자비관 증축 불사, 김포학사 부지 소유권의 학교법인 승가학원으로 등기 이전 등 중앙승가대학교의 재도약을 위한 발판을 만드는데 헌신했다. 학장 재임 시절에 승가대 신문 창간, 도서관 개관, 불교사학연구소·불교사회복지연구소·불전국역연구원 개원, 비구니 수행관 준공 등의 성과를 거두어 중앙승가대학교가 명실상부한 대학교육기관으로 자리매김하게 했다. 스님의 이러한 승가교육에 대한 원력은 중앙종회의원 시절에 이미 나타났다. 1976년 12월 중앙종회가 승려교육에 대한 교육법을 대폭 개정하고 제1차 작업으로 4년제 승가학교(대학 과정) 설립을 결정하면서 구성한 '승가학교추진위원회'에 다른 스님들과 함께 참여했다.

혜성 스님은 1992년 9월 24일 승가대신문 창간 2주년 기념사에서 후학들에게 다음과 같이 당부했다.

"젊은 승가인들은 과학 문명, 물질 만능 속에 이 시대를 이끌어갈 주인공으로 삼계대도사三界大導師가 되어야 하기에 중생 교화를 위해서 학문탐구와 수행정진을 겸수하고 한국불교를 중흥하며 나아가 통일조국을 성취, 세계평화를 위해 공헌해야 할 오늘의 선지식이 되어야 할 것입니다."

혜성 스님의 원력이 깃든 중앙승가대학교는 2001년 김포학사로 이전한 후 학부 외에도 대학원 과정을 운영하며 한국불교의 백년대계를 발원하는 승가교육의 중심도량으로 자리매김했다.

상구보리上求菩提와 함께 하화중생下化衆生의 중요성을 깊이 인식한 스님은 사회문제에 남다른 관심을 가졌다. 1973년 불교 문제를 사회과학적으로 연구하기 위해 '불교사회문제연구소'를 설립한 것도 그 때문이다. 이때 스님의 세수 37세였다. 1973년 2월 27일자 동아일보와의 인터뷰에서 혜성 스님은 '오늘날 불교의 병리病理'에 대해 "개인의 수양이란 신앙의 단일성과 다양한 현대사상과의 부조화"라고 진단하면서 연구소 설립 취지를 다음과 같이 밝혔다.

"불교 윤리관의 실현을 위한 정책 자료를 제공하고 안으로는 현실과 괴리된 불교내의 모순을 개선광정改善匡正하기 위해서입니다."

불교사회문제연구소는 1973년 8월 13일 우란분절을 맞아 도선사 호국참회원에서 '교통사고희생자 천도재겸 교통공해 추방기원대회'를 개최했다. 이 자리에서 혜성 스님은 '마음의 공해'라는 제목의 강연을 통해 "어느 사회나 어느 시대이건 간에 빠른 환경변화가 있을 때 이에 적응하지 못하는 초조감과 저항의식이 늘 따르게 마련"이라면서 "대표적인 사례가 교통직交通職"이라고 말했다. 이어 스님은 "교통난 등을 '문명공해文明公害'라고만 낙인찍어 자포자기하면 정신적인 위기까지 초래케 된다."면서 "마음을 가난하게 하여 '정신공해精神公害'를 없애는 일이 가장 기본적인 과제"라고 강조했다. 불교사회문제연구소에는 전북대와 숙명여대 총장을 지낸 김두헌 박사를 비롯해 학계·종교계·법조계·언론계 인사 30여 명이 연구위원으로 참여했다. 불교계에 국한하지 않고 사회 각 분야의 다양한 인사를 연구위원으로 위촉한 것은 스님의 '열린 생각'을 보여주는 대목이다.

또한 스님은 제2차 세계대전 당시 일제에 의해 강제 징용되었다가 남태평양에서 숨진 조선인의 유해를 고국으로 모셔 오는 일에도 주도적으로 참여했다. 사이판 군도群島의 티니안 섬에서 숨진 5천여 명의 조선인 유해를 1977년 5월 15일 32년 만에 모셔왔다. 유해는 5월 12일 티니안 현지에서 화장해 사이판·괌·오오사카를 거쳐 5월 15일 김포공항에 도착해 천안 망향의 동산에 안장했다. 이 때 스님은 이용택 제2차세계대전전몰무명한국인영령봉환추진위원장과 차형근 120인 동지회장 등과 함께 유해의 봉환을 위해 노력했다. 이역만리 타국에서 억울하게 목숨을 잃은 조선인들이 고국으로 돌아와 안식安息을 취할 수 있도록 노고를 아끼지 않았다. 이때 스님은 김포공항에서 불교의식을 집전하고, 망향의 동산에서 10여 명의 스님과 도선사 관세음합창단이 참석한 가운데 영가들의 극락왕생을 기원했다.

혜성 스님은 하화중생下化衆生의 삶을 구체적으로 실천하며 귀감을 보였다. 보육원과 양로원을 설립 운영하고, 병마와 싸우던 말년에도 복지시설을 직접 찾아 할아버지와 할머니들을 위로했다. 스님에게 중생과 만나는 자체가 수행이고 기쁨이었던 것이다. 스님은 1976년 보육원을 인수해 사회복지법인 혜명복지원(보육원)으로 개편해 도선사가 운영하게 했다. 이사장 소임을 맡은 후 혜명복지원 부설로 양로원을 허가 받아 어르신들이 편안하게 지내도록 했다. 불교계 뿐만 아니라 사회적으로 복지에 대한 인식이 낮았던 시절을 감안하면 시대를 앞서간 스님의 혜안慧眼을 가늠할 수 있다. 중앙승가대 학장 시절에는 삼전종합사회복지관과 어린이집을 수탁받는 등 현대사회에서 한국불교가 실천해야 할 '복지불사'의 모범을 보였다.

특히 어린이 교육에 관심이 많아 보람, 명성, 마장, 성수, 파랑새, 홍제, 성북, 신당, 노량진, 청담 어린이집을 위탁받아 운영했다. 스님은 1992년 사회복지사 1급 자격을 취득하는 등 '복지불사'에 대한 열정이 남달랐다. 1995년 청담종합사회복지관 개관식에서 혜성 스님은 "말로만 자비를 외치지 않고, 실제 행동으로 불교의 자비를 실천수행하는 참다운 보살행을 실현해야 한다."면서 "산사山寺에서 피나는 눈물겨운 고행수도를 하며 깨달음을 얻어 다시 중생 속으로 들어와서 함께 더불어 깨달음을 나누며 올바른 인생길을 개척하는 데 큰 보람을 느끼게 함이 우리 불교복지의 참뜻"이라고 강조했다.

수행·전법·사회활동 등 한국불교와 한국사회의 발전을 위한 혜성 스님의 노력은 1980년 10·27 법난으로 난관에 봉착했다. 1979년 10월 박정희 대통령 서거 이후 정권을 잡은 신군부가 '종교계 정화'라는 미명 하에 자행한 10·27 법난으로 강제 연행된 혜성 스님은 커다란 고초를 겪었다. 누명을 뒤집어쓰고 참담한 상황에 봉착하면서 인고忍苦의 세월을 보냈다. 1980년대 스님과 불자들의 10·27 법난 진상규명과 명예회복 요구 끝에 1988년 12월 강영훈 국무총리가 정부를 대표해 사과 성명을 발표했다. 국방부가 혜성 스님에 대해 "사찰 공유재산이었음에도 불구하고 부정축재 재산으로 잘못 보도가

됐다."는 해명 자료를 발표해 명예 회복이 됐지만, 고문 후유증으로 병고를 겪어야 했다. 스님은 1990년 3월 1일자 경향신문과의 인터뷰에서 법난으로 고초 당할 때의 소회를 "괴로웠던 7년간 한용운 스님의 입장이 그제사 절실히 이해되더군요."라고 밝힌 바 있다. 일제 강점기 나라를 빼앗긴 만해 스님의 절박하고 안타까운 심정에 비견했던 것이다. 정부 사과와 관련법 제정 이후 스님은 "'우주는 한 가족이요, 원수는 갚지 말라.'는 부처님 가르침에 따라 용서했다"고 심경을 밝힌 바 있다. 법난을 자행하고 당신에게 고초를 준 세력과 사람들을 미워하지 않고 자비와 인욕으로 대승적으로 수용한 스님의 넓은 마음을 확인할 수 있다.

혜성 스님은 노년에 10·27 법난 당시 겪은 고문으로 인한 후유증 때문에 병마와 싸워야 했지만 수행자의 위의를 잃지 않았다. 도선사 회주와 청담대종사문도회 문장門長으로 은사의 유지를 계승하고, 도선사가 전국제일의 수행도량이자 기도처가 되도록 문도들을 이끌었다. 또한 학교법인 청담학원과 사회복지법인 혜명복지원의 명예이사장으로 젊은 시절부터 이어온 교육불사와 복지불사의 꽃을 피우는데 힘을 보탰다. 종단에서는 스님의 수행정진과 그동안의 공적을 인정하여 2016년 대종사大宗師 법계를 품수했다. 《진불장 혜성대종사》의 서문 '나의 삶을 돌아보며'에서 스님은 "불교정화 초기의 어수선한 상황에서 종단의 대소사로 젊음을 보내고 본분사本分事인 일대사一大事 정진에 전념하지 못하고 대종사 법계를 품수 받아

송구스럽다."고 품수 소감을 겸손하게 밝힌 바 있다.

혜성 스님은 2018년 7월 25일 오후 12시 20분경 서울 도선사 염화실에서 법랍 62년, 세수 82세로 원적에 들었다. "백운대 밑 수행자 있어 / 안타까운 마음으로 산을 뚫어 도량을 세웠네 / 다음 생에는 어리석음 벗어나 / 굳센 뜻 부지런하여 마음의 왕 되리라."라는 마지막 가르침을 남겼다. 원문은 다음과 같다. "백운하일승白雲下一僧 석심건통산惜心建通山 차생재출맹次生再出盲 단지급심왕丹志及心王"

경북 상주에서 태어나 세간에서 교육을 이수하고 선지식 청담 스님 제자로 출가해 내외전을 두루 익히고 참선수행을 하면서 불교발전과 사회공헌의 삶을 살다 사바세계를 떠난 혜성 스님. 무명의 고통에 살고 있는 사바세계의 중생들에게 불법佛法의 환희심을 전하기 위해 촌각寸刻을 아끼며 정진한 스님의 삶은 후인들에게 영원히 밝은 등불로 남을 것이다. 비록 스님의 육신은 떠나고 없지만, 스님이 남긴 가르침의 법신法身은 세세생생 영원히 이어지리라 믿는다. "다음 생에도 수행자의 길을 걷겠다."는 혜성 스님의 원력이 실현되길 발원한다.

1959년 1월 6일에 쓴 스님의 일기는 지금의 우리는 물론 미래의 사람들에게도 전하는 선물로 마음에 새겨둘 가르침이다. 출가 초기

일기는 '처음 발심이 바로 깨달음'이란 초발심시변정각初發心時便正覺의 가르침처럼 혜성 스님의 삶을 상징적으로 보여주고 있다. "나는 무엇을 구할 것인가? '연꽃은 진흙 속에서도 오롯이 핀다.'라는 경구經句를 명심하며 꿈은 끝내 한 많은 꿈으로 흐르고 말기를 최후로 희구하며 자성自性 자각自覺을 호소하노라."

10·27 법난과 혜성 스님

● 유승무 중앙승가대학교 교수 / 사회학

1. 10·27 법난

10·27 법난에 대해 국방부 과거사진상규명위원회는 "1980. 당시 신군부측인 합동수사본부 합동수사단(아래 '합수본부', '합수단'으로 함. 합수본부반 : 노태우 보안사령관, 합수단장 : 김충우 보안사 대공처장)에서 불교계 정화를 명분으로 '45계획(불교계 정화수사계획)'을 수립하여 1980. 10. 27. 불교계 최대종파인 대한불교조계종의 스님 및 불교 관련자 153명을 강제로 연행 수사하고, 이어서 3일 뒤인 10. 30. 포고령 위반 수배자 및 불순분자를 검거한다는 명목으로 군·경 합동병력 32,076명을 투입, 전국의 사찰 및 암자 등 5,731곳을 대상으로 일제히 수색한 사건을 말한다."고 정의하였다(2007년 10월 25일). 다만 위 정의에는 숨겨져 있지만 1980년 10월 27일 불교인(스님 및 재가자)들을 강제 연행하여 수사하는 과정에서는 장기간 구금과 고

문 등 폭행이 수반되었을 뿐만 아니라 1980년 10월 30일에는 악명 높은 삼청교육대(당시 깡패나 건달들을 훈련시키는 곳)로 보냈다는 사실은 현재 모든 불제자, 그리고 모든 국민들이 잘 알고 있다.

10·27 법난은 국보위 산하 합동수사본부가 사전에(1980년 6월 경) 기획한 '45계획'에 의해 마치 군사작전을 수행하듯이 진행되었다. 군대가 강제력을 독점하고 있는 국가 기구란 점에서 이는 10·27 법난이 국가 폭력 사건임을 의미한다. 이는 필자의 개인 의견일 뿐아니라 노태우 정부 시절인 1988년 12월 강영훈 국무총리에 의해서도 인정되었다. 당시 그는 성명을 통해 10·27 법난에 대해 국가의 책임을 인정하고 국민에게 공개적으로 사과했다. 또한 국방부 과거사진상규명위원회가 만든 '10·27 법난 사건 조사결과보고서'에서도 "10·27 법난은 신군부 세력과 수사당국이 국보위의 단계별 일정에 따라 정화작업을 추진하기 위해 무리하게 수사를 추진했으며, 그 과정에서 불교계는 명예를 실추당하고 많은 승려들이 성직자로서의 명예를 훼손당함과 동시에 씻을 수 없는 정신적·신체적 고통을 받은 사건이었다.", "10·27 법난은 불교계 정화를 명분으로 특정한 종단에 사법적 잣대를 무리하게 적용한 국가권력 남용의 대표적 사건이다."라고 명백하게 규정함으로써 가해자가 신군부 세력과 그들이 활용한 국가 기구(국보위와 합수단)였음을 분명히 했다.

이렇듯 국가에 의해 군사력이 동원되었다는 사실과 그 이후 장기간의 구금과 고문 등의 폭행이 행해졌다는 사실, 그리고 다수의 검거인을 삼청 교육대로 보냈다는 사실 등은 이미 10·27 법난의 진행

과정이 매우 끔찍한 상처를 수반한 사건이었음을 증명한다. 10·27 법난의 가장 큰 피해자라고 할 수 있는 혜성 스님에 대해 당시의 수사는 다음과 같이 진행되었다.

"혜성 스님은 특수수사대(경찰청 무교동 분실)에 연행된 직후 승복 대신 재소자 번호가 기재된 푸른 수의로 갈아 입은 채로 조사를 받기 시작했다. 조사받는 동안 외부인과의 면회나 연락은 일체 금지되었다. 조사는 합수본부 수사 3국인 경찰에서 담당했고, 수사 반장은 강○○ 경감, 수사관은 황○○, 김○○, 김○○ 경위, 박○○ 경사 등이었다. 조사는 구금 기간(25일) 동안 계속 되었고, 주로 자술서를 쓰도록 강요받거나 조서 작성을 위한 신문을 받는 방식으로 진행되었다고 한다. 혜성 스님은 조사받는 도중 고문이나 가혹 행위 등을 수시로 받았는데, 하루에 1, 2차례 군복을 입은 수사 보조관 4, 5명 가량이 조사실로 들어와 주먹으로 때리거나 발로 차는 등 폭행을 가했고, 각목으로 오금을 치거나 무릎을 꿇게 한 상태에서 각목을 집어넣고 누르기, 새끼 손가락에 볼펜을 끼워 넣은 상태에서 조이기, 잠 안재우기 등 고문과 가혹 행위를 당했다고 증언했다. (…) 조사는 주로 부정 축재와 관련된 사항에 집중되었다. (…) 이러한 비위 내용에 대하여 혜성 스님은 '당시 조계종 소유의 도선사, 청담학원 소유의 청담중·고교, 혜명 복지원 소유의 보육원, 양로원 등을 내 개인 재산으로 간주, 그 시세를 평당 얼마 하는 식으로 대강 계산하여 부정축재액으로 산정하였다. 수사 기관이 사전에 어느 정도 수사 준비를 하였다는 느낌을 받기는 하였지만 대체로 상부로부터 일정액의 부정 축재 재산에 대한 오더를 받고 이를 충족하기 위해서 무리하게 수사를 진행하는 것 같았다. 수사 과정에서 내 개인 재산이 아니라고 수차례 항변하였지만 받아들여지지 않았다'고 주장하였다."(국방부 과거사진상규명위원회 종합보고서 제3권, 2007 : 93-94)

이렇듯 1980년 10월 27일 날의 검거 과정이나 30일 날의 수색 과정에서 완전 무장한 군인들이 군화발로 법당에 난입하였다는 사실과 검거한 스님 및 재가자를 범죄 집단화하여 언론에 공개한 사실은 불교계 전체에 씻을 수 없는 상처를 입혔고, 그 이후 폭력과 고문 등을 동반한 수사 과정은 해당 개인의 육체와 정신은 물론 명예를 짓밟음으로써 삶 전체를 통째로 망가뜨렸다. 실제로 고문 후유증으로 곧바로 사망한 사례도 있으며, 많은 희생자들이 질병을 얻어 고생을 하였다.

이상으로써 알 수 있듯이 10·27 법난은 개인의 규범 일탈 행위가 아니라 국가의 정치적 범죄라는 특별성이 있다. 국가의 정치적인 범죄는 인권과 민주주의를 수호하기 위해 행해졌던 1970~80년대의 반체제 운동이나 민주화 운동에 대해 가해졌던 것과 일면은 같고, 일면은 다르다. 같은 점은 국가가 자의적으로 폭력을 행사했다는 점이고, 다른 점은 10·27 법난의 경우 폭력을 행사해야 할 단 하나의 명분조차도 없다는 점이다. 전자의 경우에는 '국가는 사회

질서를 유지해야 한다'는 명분이라도 내세울 수 있지만 후자의 경우는 그런 명분조차도 세울 수 없는 폭력 행사였던 것이다. 바꿔서 말하면 10·27 법난은 사회 질서의 유지하는 정치 공동체의 이해관계란 차원이 아니라 천부적 인권이란 차원에서 행해진 인류적 국가 범죄이다.

그러나 10·27 법난에 대하여 국가는 국가가 가해자라는 점 때문에 스스로가 그것을 범죄로 규정하기를 회피해 왔다. 바로 그렇기 때문에 피해자나 인권 단체가 그것을 범죄로 호명할 때에야 비로소 범죄로 규정될 뿐만 아니라 역사적 정의의 차원에서 그 진상이 복원될 수 있다. 그런 점에서 10·27 법난의 명예 회복 방안은 기념 사업뿐만 아니라 가해자의 적극적인 참회(반성)과 용서, 그리고 피해자는 물론 가해자에게도 각인된 트라우마와 수많은 국민들에게 전이된 트라우마까지도 치유하려는 노력을 병행해야 할 것이다. 10·27 법난이 군대에 의해 발생한 '군사적 국가 폭력'이었다는 사실은 전쟁과 같은 상상할 수 없는 일회성의 강력한 트라우마의 특성뿐만 아니라 가정 폭력과 같은 장기 반복적인 트라우마의 특성도 갖고 있기 때문에 이를 치유하려는 노력은 '전 사회적 차원에서 강력하고 장기 지속적으로' 시행되어야 비로소 치료의 효과를 나타낼 수 있을 것이다. 이렇게 볼 때, 아직도 10·27 법난의 상처는 전혀 치유되지 않은 맨살을 그대로 드러내고 있는데, 이는 매우 통탄하지 않을 수 없는 일이다.

2. '45계획'의 아바타, 혜성 스님

'10·27 법난'이란 표현은 피해자인 불교계가 나중에 명명한 이름이며, 당시 사건의 주동자인 국가가 명명한 이름은 '45계획'이다. 아래의 전언 통신문은 그 작전의 내용을 들여다 볼 수 있는 한 증거이다. 전언 통신문의 발신자는 합동수사본부(본부장 노태우 보안사령관) 산하 합동수사단 단장 김충우(보안사 대공차장)이고, 수신자는 서빙고 보안사의 합동수사단 수사 3국장이다. 그리고 이 통신문의 송화자 또한 군인인 수사 1국 일병 이종명이다. 이는 10·27 법난이 국가 기구인 군대에 의해 군사 작전처럼 진행된 정치적 사건이이라는 점, 따라서 이 사건이 국가 폭력 사건임을 증명한다.

전언 통신문 (1980.10.31)

수신 : 수사 3국장
발신 : 수사단장
제목 : 45계획

1. 다음 명은 부정 축재하여 재산을 형성한 자이니 재산을 중점적으로 수사할 것.(타인 명의 재산. 비밀구좌. 기타 도피 재산 등)
2. 매일 일일 보고 제출시에 당일 발굴한 재산 및 전체 재산 누계를 시가로 환산하여 보고할 것.

---

3. 인적 사항

　　도선사 주지 이근배(법명 : 혜성).

4. 동 재산은 국가에 환수할 방침임. 끝.

송화자 : 수사 1국 일병 이종명

통화시간 : 13 : 40

'45계획'은 '불교계 정화수사 계획'이라고도 불렸다는 사실[1]로써 알 수 있듯이 '45계획'의 목적은 종교 전체의 정화가 아닌 불교계만의 정화이다. '45계획'의 제1항(목적)에는 '불교 종단의 자체 정비 기대가 곤란한 비리와 불합리 현상을 종교계 정화 차원과 국민 정신 개조 측면에서 발본 색원하여 불교 본래의 호국 사상을 부양시켜 국가에 참여토록 유도코저 함'이라고 명시되어 있다. 그러나 혜성 스님의 사례는 이 목적에 부합하지 않는다. 무엇보다도 혜성 스님이 주지로 부임해 있었던 도선사가 당시(혹은 과거부터 현재에 이르기까지도) 대표적인 호국 도량이라는 점을 고려하면 당시 도선사 주지였던 혜성 스님을 수사한 것은 전혀 설득력이 없다. 그렇다면 왜 당시 도선사 주지였던 혜성스님이 '45계획'의 수사 대상자로 지목되었는가?

1　45라는 숫자가 대한불교조계종 총무원이 소재하는 견지동 45번지에서 유래하였다는 사실을 고려하면 '45계획'은 불교계 정화임이 분명하다.

이 의문을 풀기 위해서는 '45계획'의 '숨은 의도'를 밝혀야 한다. 그러나 '숨은'이란 형용사가 암시하듯이 '숨은 의도'는 결코 명시적인 물증을 수반하지 않는다. 그렇다면 어떻게 그 의도를 밝힐 수 있을까? 혜성 스님이 도선사 즉 당시 가장 현금이 많은 사찰로 소문이 돌았던 도선사의 주지였다는 사실이 그 실마리를 제공해 준다. 이 실마리는 가해자의 상황, 즉 군사 쿠데타로 정권을 장악한 신군부에게 당시 가장 시급한 것이 정치 자금의 확보하는 것이었다는 상황[2]으로 한층 더 확실해진다.

이 지점에서 다시 '전언 통신문'의 전체 내용(1항, 2항, 4항)을 다시 자세하게 보자. '45계획'의 '숨은 의도'가 당시 신군부의 정치 자금 확보에 있었음이 정확하게 드러난다[3]. 이러한 '숨은 의도' 비추어 볼 때, 당시 도선사 주지일 뿐만 아니라 학교 운영 및 복지 시설 운영을 매우 왕성하게 전개하던 40대 초반의 혜성 스님은 '45계획'의 가장 적합한 '먹잇감'이었다. '전언 통신문'의 제3항이 명시하고 있듯이 혜성 스님이 아니라 이근배가 '45계획'의 아바타로 설정된 것이다.

이렇듯 전언 통신문에 따르면, '45계획'에서 호명된 혜성 스님은

---

2 주지하듯이 '5공 청문회'는 국제그룹이나 동명목재 등 당시 한국을 대표하던 기업들의 파산된 것도 신군부의 정치자금 수요와 무관하지 않다는 것을 밝힌 바 있다.
3 이렇게 볼 때 혜성 스님에 대한 조사, 취조, 고문은 10·27 법난이 또 다른 원인, 즉 '숨은 의도'를 갖고 있었음을 잘 보여주고 있다는 점에서 10·27 법난 연구에 있어서 매우 중요한 사례이다.

더 이상 존경받는 스님이 아니라 범죄자 이근배였다. 그렇기 때문에, 그리고 당시 사회 정화의 대상자는 두말할 나위도 없이 사회적으로 지탄을 받을 자들 즉 부정 축재자, 타락한 자, 폭력배, 불순자, 일탈자 등과 같이 사회 질서를 혼탁하게 하는 자들이었다는 점을 고려하면, '45계획'의 아바타 이근배도 그와 동일한 부류의 인물임이 판명될 필요가 있었다. 이는 '45계획'의 아바타 이근배에 대한 수사 내용 및 수사 결과가 이미 어느 정도 확정되어 있었음을 암시한다. 그리고 당시 신군부가 시급하게 정치 자금을 확보할 필요가 있었다는 점을 고려하면, 실존 인물인 혜성 스님에 대한 수사, 즉 이미 확정된 수사 결과를 자백의 형식을 통해 확정하려는 수사의 과정에서 조금 더 빨리 수사를 종결하기 위한 고문 및 가혹 행위가 수반되었으리라는 추측은 쉽게 유추되고도 남음이 있다.

이를 실증하기 위해 혜성 스님이 구금되어 수사를 받은 25일 간의 '퍼즐 맞추기'를 확인해 보자. 『10·27 법난 사건 조사 결과 보고서』의 혜성 스님 면담 자료에 따르면, 1980년 10월 27일 새벽 5시경 혜성 스님은 도선사 경내에서 20 여명의 수사관들에 의해 연행되어, 경찰 특수 수사대(경찰청 무교동 분실)에 구금되었고, 연행된 직후 승복 대신 재소자 번호가 기재된 푸른 수의로 갈아 입은 채로 조사를 받기 시작했다. 연행 당시에도 연행의 이유 고지나 체포 영장의 제시 등과 같은 기본적인 법적 절차도 없었을 뿐만 아니라 수의를 입은 채 조사를 받았다는 사실은 조사를 받기도 전에 이미 범법 사실이 확정되어 있었음을 의미한다. 조사는 구금 기간(25일)동안 계속되었는데 주로 자술서를 쓰도록 강요받거나 조서 작성을 위한 신문을 받는 방식으로 진행되었다. 한마디로 25일 간의 퍼즐 맞추기였다.

퍼즐 맞추기의 목표는 수사 결과 발표시 혜성 스님의 부정 축재액으로 알려진 17억 5,536만 원의 내역을 자술에 의해 정확하게 맞추는 것이었다. 이와 관련하여 『10·27 법난 사건 조사 결과 보고서』의 혜성 스님 면담자료를 보자. '조사는 주로 부정 축재와 관련된 사항에 집중되었다. 당시 혜성 스님은 각종 불사를 일으키고, 교육 및 복지 사업에 진력하고 있는 상황이었기 때문에 금전 관계가 많았다고 한다. 혜성 스님 명의로 된 각종 부동산과 동산, 도선사를 비롯한 조계종 소유의 불교 재산, 청담 학원 및 혜명 보육원 등 사회복지법인의 재산, 혜성 스님 부친이 운영하던 사업체 재산 등이 주요 조사 대상이었다'(『10·27 법난사건조사결과보고서』). 이에 대해 혜성 스님은 '당시 조계종 소유의 도선사, 청담학원 소유의 청담 중고교, 혜명 복지원 소유의 보육원, 양로원 등을 내 개인 재산으로 간주, 그 시세를 평당 얼마 하는 식으로 대강 계산하여 부정 축재액으로 산정하였다. 수사 기관이 사전에 어느 정도 수사 준비를 하였다는 느낌을 받기는 하였지만 대체로 상부로부터 일정액의 부정 축재 재산에 대한 오더를 받고 이를 충족시키기 위해서 무리하게 수사를 진행하는 것 같았다. 수사 과정에서 내 개인 재산이 아니라고 수차례 항변하였지만 받아들여지지 않았다(『10·27 법난사건조사결과보고서』)'고 주장했다.

이렇게 볼 때 그리고 퍼즐 맞추기는 자술서 작성과 자백을 수반하는 바, 이 과정에서 고문이나 가혹 행위가 이루어졌음은 두말할 나위가 없다. 실제로 혜성 스님은 '조사받는 도중 고문이나 가혹 행위 등을 수시로 받았는데, 하루에 1, 2차례 군복을 입은 수사 보조관 4, 5명 가량이 조사실로 들어와 주먹으로 때리거나 발로 차는 등 폭행을 가했고, 각목으로 오금을 치거나 무릎을 꿇게 한 상태에서 각목을 집어 넣고 무릎 누르기, 새끼 손가락에 볼펜을 끼워 넣은 상태에서 조이기, 잠 안 재우기 등 고문과 가혹 행위를 당했다(『10·27 법난사건조사결과보고서』)'고 증언했다.

이러한 폭력적 수사 과정을 거쳐 25일간의 퍼즐 맞추기는 완성되었다. 당시 수사결과는 다음과 같이 발표되었다. '도선사 주지 이모는 시주금 사찰 공금을 유용, 환속 후의 생활 대책을 위해 개인사찰 건립, 회사 설립, 부동산 매입, 요정 경영 등으로 17억 5,536만 원을 축재, 낮에는 주지, 밤에는 부동산 투깃군 또는 기업 경영인으로 행세했다'(동아일보, 1980. 11. 14).

3. 혜성 스님의 피해와 상처

2010년 11월 3일, 서울중앙지방법원(제25 민사부)은 '피고(대한민국)는 원고(혜성 스님)에게 3억 원을 지급하라'라는 주문을 담은 판결이 내렸다. 2009년 6월 5일, 혜성 스님이 국가를 상대로 낸 손해배상 청구소송에서 승소한 것이다. 당시의 판결문에는 가해자인 국가가 피해자인 혜성 스님에게 가한 피해의 내용이 구체적으로 명시되어 있다.

나. 원고의 피해

(1) 10·27 법난 당시 대한불교조계종 삼각산 도선사의 주지였던 원고는 1980. 10. 27. 보안사 서빙고 분실인 합동수사본부 수사 3국으로 강제 연행되어 수사관으로부터 고문과 폭행을 당하고 승복을 강제로 벗기고 군복을 입게 하는 등 가혹 행위를 당하였고 25일 동안 불법 구금을 당하면서 부정축재한 재산이 있다는 내용의 허위의 진술서 작성을 강요받았다. 합동수사본부는 앞서 본 불교계 정화 수사 중간 발표를 하면서 원고가 밤에 요정을 경영하였다는 허위의 내용을 발표하여 원고의 명예를 훼손하였고 불교 정화 중흥회의에 원고의 승적 박탈을 요구하였다. 이로 인하여 원고는 1980. 11. 18. 체탈도첩을 당하여 승려의 신분이 강제로 박탈되었다.

(2) 원고는 1980. 11. 26. 불법 구금에서 풀려난 직후 고문과 가혹 행위로 인하여 실신하여 병원으로 이송되었고 우측 서혜부 탈장, 우측 결장 및 회장 유착증이라는 진단을 받게 되었다. 그 후 원고는 뇌병변이라는 장애를 가지게 되었고, 2006. 7. 27. 파킨슨병을 진단받았는데, 이에 대하여 원고를 진료한 의사는 가혹 행위와 고문으로 인한 스트레스로 인하여 발현이 촉진되었을 가능성이 있다는 의견을 제시하였다.

상기 판결문에는 원고의 피해가 두 가지로 제시되어 있다. 이 중에서 첫 번째 사항은 불교의 수행자로서의 명예는 말할 것도 없고 인간으로서의 명예마저도 심하게 훼손됨으로 인한 정신적 피해를 규정한 내용이고, 두 번째 사항은 고문과 가혹 행위로 인한 육체적 피해를 규정한 내용이다. 또한 판결문에는 첫 번째 피해, 즉 정신적 피해에 대해서는 피고(국가)로 하여금 원고(혜성 스님)에게 3억 원을 배상하라고 명하고 있다.[4]

이렇게 볼 때, 법원의 판결은 정신적 피해에 대한 배상 판결이라는 점에서 큰 의의가 있다. 그럼에도 불구하고 혹은 바로 그렇기 때문에 이 판결문만으로는 육체적 피해나 사회적 피해에 대한 배상 문제가 해결되지 않는다. 이에 아래에서는 피해의 정도를 자세하게 살펴봄으로써 육체적 상처와 명예 회복에 대한 별도의 해결책이 수반되어야 함을 밝혀 두고자 한다.

우선 육체적 피해의 정도를 가늠하기 위해서는 판결문에 나타난 의사의 소견 이외에도 혜성 스님 자신이 실감한 고통을 공감할 필요가 있다. 아래 일기(시)는 당시 혜성 스님이 고문과 가혹 행위로 인한 육체적 고통과 그 고통을 대하는 자신의 심경을 솔직하게 적은 내용이다. 따라서 이 기록은 혜성 스님이 입은 육체적 피해의 정도를 가늠할 수 있는 가장 확실한 근거이다.

---

4 그러나 곧이어 열린 고등법원과 대법원은 1심 판결을 뒤집었고, 그럼으로써 피해자(이혜성)에 대한 보상은 이루어지지 않았다.

아무리 아프다고 소리 질러도 소용이 없다.

참고 참고 견디다 못해 또 죽을 힘을 다해 비명이 소리를 질러본다.

그럴수록 가해오는 채찍은 더더욱 더해온다.

나를 마치 돌덩이 쇳덩어리로 알고 치고 또 족친다.

(…) 이제 아프다 못해 아프다는 말도 끊어졌다.

(…) 정말 그 아픔을 참다 못해 기절을 했다.

(…) 나는 이 사바 이 세상에 살고 싶지 않소이다.

지옥이 무섭고 괴로운들 이보다 더 지독하고 가혹할 수 있을까?

이제 나는 진정 미련없이 죽고 싶소이다.

(…) 참으로 몸이 아프고 정말 아파 죽겠어요. 부처님!

– 아파 죽겠어요

위의 시를 보면 당시 혜성 스님이 입은 육체적 피해는 하나뿐인 목숨을 포기하고 싶을 정도에 이르러 있었다. 실제로 1980년 11월 26일 불법 구금에서 불려난 혜성 스님의 육체적 상태는 병자의 상태와 다름 없었다. 실제로 당시 스님은 배 아래쪽부터 가슴까지 통증이 밀려와 도저히 발길을 재촉할 수 없었다. 스님은 발길을 옮기다 말고 그만 실신하고 말았다. 스님이 눈을 떴을 때는 중앙대학교 의과대학 부속 성심병원 침상 위였다. 담당 의인 외과의사 김상준 씨는 탈장 수술을 받아야 된다고 말했다. 스님은 장시간에 걸쳐서 수술을 받았다. 스님의 병명은 우측 서혜부 탈장과 우측 결장 및 회장 유착증이었다.

또한 아래의 두 기록은 수행자로서의 명예뿐만 아니라 인간으로서의 명예가 어느 정도 훼손되었는지 그리고 그로 인한 정신적 스트레스(혹은 트라우마)가 얼마나 심했는지를 보여주는 근거이다.

1980년 11월 8일. 이혜성 체탈도첩.

사문의 사형인 체탈도첩이란다.

너무도 엄청난 뜻밖의 사형선고가 나에게 내려지다니

이 무슨 과보요, 어이된 날 벼락인가.

(…)

25년의 보금자리 산문송출, 추방되어 속인이 되었네.

너무도 기가 차서 막막하고 가슴 아프다.

울까 웃을까? 나는 어디로 가오리?

부처님이시어! 불쌍한 나에게 다시 염의와 용기를 주소서.

– 체탈도첩

날더러 17억 5천만 원 부정축재 하였다네.

무엇인 부정 축재인가?

불사를 한 죄밖에 없는데.

(…)

멋모르는 여러 대중은 비웃고

멸시하며 나를 탓하겠지.

정말 부끄럽고 한없이 죄송하고 무조건 참회하련다.

허구많은 중생들, 내용도 모르고 구업짓는 것을 보니

참으로 가슴아프다.

그러나 우리 부처님은 알고 계시리다.

그리도 밝으신 천안통으로 낱낱이 살펴보시고

　－ 부정축재

위의 시 중 첫 번째 기록은 승가의 사망 선고나 다름없는 '체탈도 첩'이 한평생 출가자로 살아가고 있는 혜성 스님에게 얼마나 큰 정신적 충격을 주었는지를 잘 보여주고 있고, 후자의 기록은 당시 세상 사람들의 비난과 비웃음에 항변도 제대로 하지 못한 채 억울하게 당하고만 있어야 하는 혜성 스님의 심경이 잘 표현되어 있다.

4. 해원解冤의 실마리

앞서 언급한 손해 배상 소송에 대한 서울중앙지방법원(제25 민사부)의 판결, 즉 '피고(대한민국)는 원고(혜성스님)에게 3억 원을 지급하라'라는 주문을 담은 판결은 전형적인 합법적 해결책이다. 그렇다면 3억 원의 근거는 무엇인가? '원고(혜성 스님)가 입은 정신적 고통에 대한 위자료를 3억 원으로 정함이 상당하다.'라는 판단 근거가 말하고 있듯이 정신적 고통에 대한 배상액일 뿐이다. 그리고 판결문에는 손해 배상책임의 범위를 다음과 같이 확정하고 있다.

'원고가 불법 구금되어 각종 고문 및 가혹 행위를 당하면서 승려로서 부정축재를 하고 밤에 요정을 경영하였다는 허위의 진술서 작성을 강요당하였고, 이와 같은 허위의 내용이 언론을 통해 마치 사실인 것처럼 공개되어 승려로서는 물론이고 한 인간으로서도 쉽게 회복할 수 없을 정도로 명예가 훼손되었으며, 구금에서 풀려난 후에는 승려로서의 생명이나 다름 없는 승적을 박탈당하였을 뿐만 아니라 고문으로 인하여 상당한 상해를 입고 후유 장애까지 남게 된 점, 그 동안 피고가 진상 규명을 하기까지 소요된 시간적 간격과 피해 회복을 위한 조치, 기타 이 사건 변론에 타나난 모든 사정을 종합하여 보면 원고가 입은 정신적 고통에 대한 위자료를 3억 원으로 정함이 상당하다.'

이 판결은 10·27 법난과 관련하여 크게 두 가지 결정적인 의미를 갖는다.

첫째, '10·27 법난은 공무원이 통상적인 공무 수행을 하는 과정에서 개별적으로 저지르게 된 일반적인 불법 행위가 아니라 국가권력 차원에서 경찰력 등 공권력이 조직적으로 동원되어 불법 구금과 고문 등을 자행한 반인도주의적 범죄 행위에 해당하는데…'라는 판결문의 문구가 암시하듯이, 대한민국 국가가 범죄자임을 분명하게 규정하였다는 의미를 지닌다.

둘째, '원고(혜성 스님)가 입은 정신적 고통에 대한 위자료를 3억 원으로 정함이 상당하다.'라고 손해 배상 책임의 범위를 확정한 데서 알 수 있듯이, 손해 배상의 범위가 정신적 고통에 해당한다는 의미를 지닌다.

그러나 이상과 같은 두 가지 결정적 의의에도 불구하고 이 판결문에는 육체적 피해에 대한 해결책이 전혀 제시되어 있지 않은 한계를 갖고 있을 뿐만 아니라 정신적·육체적 피해의 정도를 충분히 고려하지 못한 아쉬움도 있다.

필자가 보기에 10·27 법난으로 인한 신체적 상해와 그로 인한 생활 상의 손실에 대해서는 별도의 항목으로 논의했어야 마땅하다. 그리고 손해 배상 책임의 범위에 명시된 신체적 상해와 후유 장애로 인해 혜성 스님이 30년 동안 입은 피해(혹은 손실)에 대한 배상은 다양한 차원에서 논의했어야 했다. 실제로 혜성 스님의 신체적 상해는 출가 수행자의 수행 생활 및 종교 생활에 큰 지장을 초래하였을 뿐만 아니라 그로 인해 승가내부의 인간 관계 및 사회 생활 상의 손실도 막대하였다. 이는 3억 원에는 포함되지 않은 막대한 손실일 뿐만 아니라 출가자로서 혜성 스님의 노후 생활 불안정과도 직결되는 손실이다. 이에 대한 배상 및 보상이 있어야 했지만 지금까지도 이루어지지 않고 있다. 게다가 10·27 법난 당시 혜성 스님은 종단(정화중흥회의)으로부터 체탈도첩당했다. 체탈도첩을 통상 승려의 사망선고로도 부른다는 점을 고려하면, 이는 혜성 스님의 명예를 가장 심각하게 훼손시킨 사건이다. 비록 혜성 스님의 부정 축재와 관련된 허위 사실 유포에 대해서는 국가가 국방부 발표를 통해 사죄를 표명하였지만, 아직도 체탈도첩과 관련해서는 종단 차원의 사죄도 없었을 뿐만 아니라 명예 회복을 위한 별도의 노력도 경주하지 않았다. 이제는 종단 차원에서도 10·27 법난 피해자의 명예 회복과 관련하여 마땅한 조치를 취해야 한다. 종단은 그 구성원들을 보호할 기본적 의무를 지니고 있을 뿐만 아니라 한국 시민 사회에서 종교는 마땅히 국가 폭력을 감시하고 견제해야 할 사회적 역할을 수행해야 한다는 점을 고려할 때, 그 두 가지 의무를 모두 방기한 당시 종단은 범죄자 대한민국의 공범자였다. 10·27 법난의 공범자였던 종단은 이제라도 10·27 법난 피해자들과 그 유족들에게 가시적인 참회를 용서를 구해야 할 뿐만 아니라 종단적 차원의 명예 회복 노력을 경주해야 마땅하다.

폭력에서 평화의 바다로[1]

● 이근우 전 청담고등학교 교장

지난 7월 29일, 서울 삼각산 도선사에서 청담문도회 문장門長 진불장 혜성 스님의 연결식 및 다비식이 엄수되었다. 한국 불교를 반석에 올려 놓은 청담 대종사를 은사로 출가해 60여 년을 정진한 혜성 스님의 다비식을 지켜보며 나는 차마 눈물을 감추지 못했다.

혜성 스님은 박정희 대통령 서거 후 무력으로 정권을 장악한 신군부가 국민의 시선을 돌리기 위해 자행한 10·27 법난으로 고초를 당했다. 무자비한 고문과 취조의 후유증으로 40년 가까이 병마와 싸워야 했던 스님이 이번 생을 마감하는 마지막 순간을 지켜보며 참담했다. 불법승 삼보에 귀의한 불자이며 동시에 세속으로 동생으로서의 입장이 교차했다. 세상은 무상하니 인연에 연연하지 말하는 부처

---

1 대한불교조계종 총무원 주최, '제2회 10·27 법난 문예 공모전' 산문 부문 입상작.

님 가르침을 모르는 바 아니지만 부당한 공권력 때문에 가시밭길을 걸어야 했던 스님을 떠올리며 착잡하기만 했다.

작년 2010년 11월 3일, 서울지방법원 제25 민사부는 법난 당시 도선사 주지 혜성 스님이 제기한 손해 배상 청구 소송에 대해 "불법적 공권력 행사에 따른 피해를 국가가 보상해야 한다."고 판결했다. 재판 결과는 혜성 스님 개인의 명예 회복과 배상에 그치는 것이 아니라 10·27 법난 피해자(종단과 개인)에 대한 정부의 배상 책임을 명시했다는 점에서 의의가 컸다.

하지만 검찰의 항소로 이어진 고등법원과 대법원의 재판이 보통 2~3년 걸리는 관례를 무시하고 1년이 채 되지 않은 짧은 기간에 일사천리로 진행되었다. 대법원은 지방법원 판결을 뒤집었다. 공소 시효가 지났다는 것을 명분으로 내세워 정부의 배상 책임이 없다는 비상식적인 판단을 내렸다. 오직 양심과 정의에 따라 판결해야 할 사법부가 정부의 눈치를 보고 왜곡된 판단을 했다고 생각한다. 당시 이명박 정부는 신군부가 탄생시킨 민주정의당의 후신인 민주자유당, 신한국당을 이은 한나라당을 기반으로 하고 있었다.

서울지방법원에 승소했을 때 혜성 스님은 "나뿐만 아니라 10·27 법난으로 피해와 고초를 겪은 스님과 불자, 그리고 대한불교조계종과 한국 불교가 명예를 회복하고 피해를 보상받을 수 있다는 단초를 놓았다."면서 "불은佛恩과 시은施恩을 조금이나마 갚게 되어 마음이 한결 가벼워졌다."고 기뻐했다.

그런데 대법원에서 패소한 후에는 "죄 없는 스님과 불자들을 막

무가내로 괴롭혔던 정부가 자기들의 잘못을 인정하지 않으니 이를 어찌해야 하느냐?"면서 스님은 크게 낙심했다. 이를 곁에서 지켜 보면서 나 또한 억장이 무너지는 듯했다.

그나마 위안이 되는 것은 2018년 4월 17일 한국불교종단협의회 주최로 열린 '한반도 안정과 평화를 위한 기원 법회'에 참석한 문재인 대통령이 10·27 법난에 대한 사실상 사과를 했다는 사실이다. 이 날 문재인 대통령은 "한국 불교는 군부 독재 시절 국가권력에 의해 종교의 성역을 침탈당하고, 신군부가 전국의 사찰을 짓밟고 무고한 스님들을 연행했던 10·27 법난이라는 가슴아픈 일을 겪었다. 불교계에 여전히 남아 있는 깊은 상처에 대해 이 자리를 빌려 심심한 유감의 뜻을 전한다."는 입장을 밝혔다.

문재인 대통령의 발언을 방송을 통해 병상에서 들은 혜성 스님은 "대통령의 진정성이 느껴진다."면서 "앞으로 다시는 10·27 법난과 같은 일이 일어나서는 안 된다."고 말했다. 문병을 하기 위해 방문한 나는 곁에서 스님 말씀을 들으며 같은 마음을 가졌다. 법난 당시 고문 후유증으로 걷지도 말씀도 제대로 못하지만 법난 문제에 대한 입장만은 확고했다. 부도덕한 방법으로 정권을 장악한 신군부가 법적 절차와 근거없이 무자비하게 자행한 10·27 법난에 대한 진상 규명과 명예 회복, 그리고 그에 따른 배상을 확실하게 해야 한다는 그것이다.

혜성 스님은 법난 당시 겪은 고초를 〈아파 죽겠어요〉라는 시를 통해 밝힌 바 있다. "여보! 선상님! 아프고 한없이 아파요. (…) 아무리 아프다도 소리 질러도 소용이 없다. 나를 마치 돌덩이 쇳덩이로 알고 치고 또 족친다. 이제 아프다 못해 아프다는 말도 끊어졌다."

스님이 정부를 대상으로 손해배상 청구소송을 제기한 것은 개인의 명예 회복과 영달 때문이 아니었다. 다른 피해자들은 물론 종단의 명예 회복을 이룰 수 있도록 꽉 막힌 담에 조그만 구멍이라도 내는 역할을 해야 한다는 소신에 따른 것이었다.

그동안 종단도 10·27 법난의 진상 규명, 명예 회복, 피해 보상을 위해 지속적인 노력을 계속해 왔다. 지난 2008년 출범한 '10·27법난피해자명예회복심의위원회'가 2016년 국무총리 산하에서 문화체육관광부 산하로 변경되어 활발한 활동을 하고 있다. 고무적인 일이라 하겠다.

몇 가지 제안을 하고자 한다.

첫째, 정부는 10·27 법난에 대한 문재인 대통령의 유감 표명에 따른 후속 조취를 취해야 한다. 문재인 대통령은 "불교계 명예가 온전히 회복되어, 한국 불교가 더욱 화합하고 융성하길 기원한다."고 공식적인 자리에서 밝혔다. 진정성이 느껴지는 대통령 말씀에 따라 '불교계의 명예가 온전히 회복'될 수 있도록 구체적인 방안을 수립해야 한다. 관련 업부는 문화체육관과부 산하 '10·27법난피해자명예회복심의위원회'가 맡고 있지만, 청와대, 국회, 국방부, 경찰청 등 유관 기관의 협조가 필수적이다. 위원회가 원활한 활동을 지속적으로 펼쳐 나갈 수 있도록 관련 법령을 정비할 필요가 있다. 이를 위해 국회의원과 사회 지도층 인사들이 참여하는 '10·27법난피해자

명예회복심의위원회' 산하의 자문기구를 설치할 것을 제안한다. 자문 기구는 10·27법난피해자명예회복심의위원회의 활동에 대한 이해를 높이는 한편, 건설적으로 실현 가능한 방안을 제시하는 역할을 담당한다.

둘째, 2020년은 10·27 법난 발생 40주년이 되는 해이다. 10년이면 강산이 바뀐다고 하는데 40년이면 짧지 않은 세월이다. 2019년에 위원회를 중심으로 정부와 종단이 연계하여 법난 40주년 기념사업추진위원회를 구성할 것을 제안한다. 기념 사업을 통해 다시는 불행한 사건이 발생하지 않고, 나아가 갈등을 원만하게 해결하는 대안을 제시함으로써 사회 통합에 기여할 수 있도록 해야 한다. 2020년 10월 27일 법난 40주년 기념 행사에는 대통령, 한국 불교 종단협의회 회장(조계종 총무원장)을 비롯한 각 종단 대표, 10·27법난법난피해자명예회복심의위원회 위원장과 위원, 그리고 법난 피해자(스님, 재가불자) 등이 참석해 성대하게 치러야 한다. 그리하여 그 날 참가자들이 부당한 권력에 의해 자행된 법난의 재발 방지 약속, 법난을 둘러싼 갈등 종식, 사회적 통합 등을 담은 '대국민 선언'을 공동으로 채택하여 발표하는 것을 제안한다.

셋째, 법난 당시 피해를 입은 스님과 불자, 그리고 해당 사찰에 대한 종단 차원이 지원이 있어야 한다. 국가가 부당한 공권력을 남용해 발생한 사건이 10·27 법난인 것은 분명한 사실이다. 따라서 국가 차원의 진상 규명, 피해 배상이 이뤄져야 하는 것은 당연하다. 이와 함께 종단 입장에서 피해자와 피해 사찰에 대한 명예 회복 방안을 강구할 필요가 있다. 그렇다고 종단에서 물질적 보상을 해야 한다는 것은 아니다. 다만 피해자들이 법난 이후 종단 차원의 징계를 받고 한동안 종단 공직에 타오지 못했다는 사실을 기억할 필요가 있다. 물론 법난 발생 5년 후 종단에서 징계를 해제하고 피해자들이 종단 공직을 맡기도 했다. 하지만 40년 가까운 세월이 흐른 상황에서 종단이 피해자와 피해 사찰의 명예 회복을 공식적으로 선언했으면 한다. 그래야만 부당한 공권력에 의해 발생한 피해자와 피해 사찰의 명예회복을 끝까지 책임진다는 상징성을 보여줄 수 있다. 그리하여 종단에 대한 신뢰가 더욱 커지길 바란다.

넷째, 10·27 법난은 정부가 공권력을 부당하게 사용하여 종교계(불교계)를 탄압한 대표적인 사건이다. "모든 국민은 종교의 자유를 가진다. 국교는 인정되지 아니하며, 종교와 정치는 분리된다."는 대한민국 헌법 제20조를 위반한 것이다. 따라서 10·27 법난을 교훈삼아 다시는 그같은 불행한 일이 발생하지 않도록 교육하고 홍보할 필요성이 있다. 정부의 할 일이다. 따라서 언론의 자유를 침해하지 않음을 전제로 국가 기간방송인 한국방송공사(KBS)가 10·27 법난 발생 시기쯤에 특별방송을 편성을 요청할 필요가 있다. 이와 함께 대한민국 미래를 이끌어갈 어린이와 청소년들이 법난에 대한 이해를 높일 수 있도록 교과서에 반영하는 방안도 적극 검토해야 한다.

몇 해 전 퇴직 경찰이 도선사로 혜성 스님을 찾아왔다. 1980년 10·27 법난 당시 스님을 연행해 조사한 담당 경찰이었다. 그는 스님을 만나 "상부의 지시에 따라 스님을 조사하는 과정에서 예의를 갖추지 못한 점을 뒤늦었지만 사죄드린다."는 뜻을 전했다. 이에 스님은 "개인적인 원한이 있어서 그런 것은 아니었을 것이라 생각한다."면서 "내 충분히 이해하니 너무 미안해하지 말라."고 용서했다.

과거 중세 시대도 아니고 대명 천지에 발생한 10·27 법난은 불교계는 물론이고 우리 한국 사회에 큰 충격을 준 대사건임은 분명하다. 그 때문에 피해를 입은 스님과 불자들도 있고, 신행 공간인 사찰도 군화발에 짓밟혔다. 진상을 규명하고 명예를 회복하는 일은 중차대하다. 그렇다고 과거에만 얽매어 있을 수는 없는 일이다. 또한 가해자나 가해 세력에 대한 원한과 증오로만 끝나서는 안 된다. 스님을 조사한 퇴직 경찰의 진정성있는 사죄와 이를 넉넉한 마음으로 용서한 일화처럼 10·27 법난이 대승적으로 회향되길 간절하게 바란다.

혜성 스님은 "그들이 나와 종단, 그리고 불교를 괴롭힌 가해자가 맞지만 시대적 상황이나 역사적 현실을 감안하지 않을 수 없다."면서 "그들도 가해자이면서 피해자이기에 나는 용서하겠다."고 말했다. 나 또한 그렇다. 10·27 법난이 아픈 역사인 것만은 분명하고 반드시 풀어야 할 숙제가 적지 않은 것이 분명하지만 중생을 가없는 자비의 마음으로 품고 사랑하신 부처님의 뜻을 받들어 상생과 공존, 그리고 평화의 사상으로 거듭나기를 기원한다. 그 과정에서 앞서 제안한 사업들이 원만하게 진행되길 기대해본다.

속가로는 친형님이며 동시에 출가 사문인 혜성 스님이 지은 시 〈이 나라가 잘 되어야〉의 일부를 소개하며 글을 마무리하려 한다.

법난으로 씻지 못할 상처를 입었지만, 그래도 스님은 대한민국과 불교를 버리지 않았다.

진정 내 조국 내 형제의 영원한 안식처인 인연 국토.
이 나라가 잘 되도록 자나깨나 열심히 기도하고
염원하는 것밖에는 또 무엇이 있으리.

고통과 절규, 그리고 화해

● 김정빈 소설가 / 시인 / 전 목포과학대학 교수

1. 불교는 고통에 관심을 기울인다

한국을 이끌어 온 가장 중요한 종교 사상은 불교, 유교, 무교(무속), 그리고 기독교이다. 그중 불교는 일천 육백여 년 동안 한국인에게 심대한 영향을 끼쳐 왔는데, 우리가 논의하고자 하는 혜성 스님은 불교인, 그중에서도 출가 승려이다. 따라서 그분이 남긴 시에 대해 말하기 위해서 우리는 먼저 불교가 어떤 철학을 제안하는지부터 정리할 필요가 있다.

불교는 이천 오백여 년 전 인도 문명권에서 부처님(붓다)으로부터 시작되었다. 그분은 지금의 네팔 지역에 있었던 사키야 국의 왕자였고, 장래에 왕위에 오르기로 되어 있었다. 그러나 그는 스물아홉 살 나이에 홀연히 왕궁을 떠나 수행자(사문, 사마나)가 되었다.

당시 그분에게는 아름다운 아내가 있었고, 막 태어난 아들까지 있었다. 또한 그분에게는 세상 사람들이 원해 마지 않는 권력, 재산, 명예, 쾌락이 보장되어 있었다. 그럼에도 불구하고 그분은 왜 그것들을 버리고 출가를 감행했을까. 그것은 그분이 보기에 삶은 근본적으로 고통스러운 것이기 때문이었다.

붓다는 출가하기 전에 동서남북으로 난 성문에서 각각 노인·병자·주검을, 그리고 출가 수행자들을 보았다. 앞의 셋은 그분에게 삶의 고통을 보여주는 이들이었고, 마지막 수행자들은 그 고통으로부터 벗어나는 길을 걷는 삶을 보여주는 이들이었다. 그리하여 그분은 당대 인도의 전통 종교인 브라흐만 교에 반발하여 머리를 깎고 물들인 옷을 입은 채로 탁발로 생활하면서 수행에 전념하는 출가 수행자(사마나) 대열에 합류했던 것이다.

수행자가 된 지 여섯 해 만에 그분은 마침내 출가 목표를 달성하여 붓다가 되었다. 붓다의 출가 동기가 삶의 고통을 해결하기 위한 것이었던 만큼 그분이 붓다가 되었다는 것은 삶의 고통을 해결해 마쳤다는 것을 의미한다. 그후, 그분의 철학과 수행법을 따르는 수많은 사람들이 생겨났고, 그분의 가르침은 불교라는 이름으로 알려져 오늘날까지 수많은 사람들에 의해 신봉되고 있다.

그렇다면 붓다는 무엇을 가르쳤는가. 붓다의 가르침은 그분의 첫번째 설법에서 그 요강要綱이 드러난다. 다섯 명의 출가 수행자에게 행해진 그 설법에서 붓다는 먼저 다섯 수행자들이 잘못 생각하고 있는 고행苦行과 방일放逸(게으름)을 비판하면서 중도행中道行을 행해야 함을 설한다. 그럼으로써 붓다의 가르침을 거부하던 다섯 수행자들이 가르침을 경청할 태도를 보이자 사성제四聖諦를 설했는데, 사성제는 붓다의 풍부한 가르침들을 담는 기본적인 틀이다.

　사성제를 이루는 네 진리에는 저마다 '고통'이라는 말이 들어가 있다. 사성제는 각각 고통의 진리, 고통이 모여 일어나는 진리, 고통의 소멸의 진리, 고통의 소멸로 이끄는 길의 진리로 구성되어 있는 것이다. 이로써 우리는 불교가 고통에 대한 인식에 기반한 종교임을 알 수 있다.

　붓다는 고통을 신체적인 고통과 정신적인 고통으로 변별한다. 붓다에 의하면 인간에게는 여덟 가지의 고통이 있는데, 신체에는 출생·병듦·늙음·죽음의 고통이 있고, 정신에는 좋은 것과의 이별, 싫은 것과의 만남, 구하지만 얻지 못하는 것이 있으며, 이 일곱 가지를 총칭하면 '인간으로서의 몸과 마음을 갖는 것 자체가 고통'이 된다.

　이 여덟 가지 고통은 수행을 통해 니르와나(열반 : 고통의 소멸의 진리)라 부르는 경지에 도달함으로써 끝난다. 그렇다면 불교인은 어떻게 니르와나에 도달할 수 있는가. 그것은 고통의 원인을 밝히고(고통이 모여 일어나는 진리), 그럼으로써 밝혀진 원인에 대한 처방(고통의 소멸로 인도하는 길의 진리)으로써의 수행을 통해서이다.

　붓다는 무엇을 고통의 원인으로 보았는가. 그에 대한 붓다의 답이 십이연기十二緣起이다. 열두 항목의 연쇄로 이루어진 이 교리를 셋으로 요약하면 "무지(십이연기에서의 첫 번째 고리인 무명無明)하면 과욕(십이연기에서의 아홉 번째 고리인 갈애渴愛)하고, 과욕하면 괴롭다(십이연기에서의 열두 번째 고리인 노사老死)."가 된다. 따라서 고통을 소멸하기 위해서 불교인은 먼저 과욕을 제어해야 하고, 마지막으로는 무지를 타파해야 한다.

과욕을 제어하고 무지를 타파하기 위한 방법으로 붓다는 세 가지 배움三學, 즉 계·정·혜戒定慧를 제시하였다. 계는 윤리적, 도덕적인 행동을 의미하고, 정은 명상을 의미하며, 혜는 깨달음을 성취함으로써 얻게 되는 지혜를 의미하는데, 깨달음을 성취한다는 것은 모든 고통의 근본인 지적知的 어두움無明을 밝음明으로 바꾸는 것으로서, 이에 도달하면 다른 말로는 해탈이라고도 불리는 니르와나에 도달하게 된다.

붓다가 자신의 철학의 기본으로 설정하고 있는 여덟 가지 신체적·정신적 고통은 외적 원인으로부터도 생기고, 내적 원인으로부터도 생긴다. 예를 들어 우리가 병에 걸려 고통이 생겼을 때 그 원인은 외부로부터의 감염일 수도 있고, 자신이 신체 관리를 부실하게 했기 때문일 수도 있으며, 애인과의 사별을 애통해 할 경우 그 원인은 애인이 죽었기 때문이기도 하고, 그 상황을 애통해 하지 않을 수 있는 높은 수행력을 갖고 있지 못하기 때문이기도 하다.

이에 대해 "애인이 죽었는데 어떻게 애통해 하지 않을 수 있겠는가?"라고 반문하는 경우를 상정해볼 수 있다. 하지만 이 반문은 니르와나를 성취하여 여덟 가지 고통으로부터 온전히 해탈한 이에게는 통하지 않는 반론이다. 해탈자는 특별히 애착하는 사람(애인)이 없다. 따라서 누가 죽는다고 해서 그 때문에 고통을 당하지 않는다. 실제로 붓다의 위대한 제자들은 붓다가 돌아가셨을 때 유난한 슬픔

을 보이지 않았다.[1]

하지만 현금現今의 이 세상에서 니르와나를 성취한 사람은 천만 명에 한 사람도 헤아리기 어려울 정도로 귀하며, 따라서 대부분의 사람들에게 애인과의 사별은 고통스러운 일이 될 수밖에 없다. 한 걸음 더 나아가, 많은 사람들은 자신에게 고통스러운 일이 생겼을 때 그 원인을 자신이 아닌 타인·타물에게 돌리는 경향이 있다. 전염병에 걸렸을 때 많은 사람들은 자신이 전염병에 걸리지 않도록 유념하고 행동하지 못한 것을 탓하기보다는 자신에게 전염병을 걸리도록 한 사람, 또는 사회를 탓하는 경향이 있다는 뜻이다.

하지만 붓다의 관점은 이와 반정반대이다. 붓다가 내린 고통에 대한 진단은 철저하게 자신에게 원인을 찾는 방법만으로 국한되어 있다는 뜻이다. 고통의 원인을 진단하는 불교 교리인 십이연기가 고통의 원인을 무명과 갈애로 본다고 할 때, 그것들은 다른 누구의 것이 아닌 바로 나 자신의 무지와 갈애이다. 붓다는 나에게 여덟 가지 고통이 생겨나는 것은 다른 누구의 잘못이 아니라 나 자신의 잘못이라고 설했던 것이다.

하지만! 이 관점을 백 퍼센트 유지하기 위해서는 완전한 해탈의 경지가 요구된다. 따라서 세상의 거의 모든 사람은 잘못이 생겼을

---

1 남방불교 권에 전해져 오는 《마하빠리닙바나숫따(대반열반경)》에 따르면 붓다의 입멸 입멸(入滅 : 죽음)을 맞은 붓다의 제자들 중 깨달음을 성취하지 못한 제자들은 울부짖으며 슬퍼했고, 깨달음을 성취한 제자들은 담담히 마음을 제어하며 붓다로부터 배운 제행무상諸行無常의 진리法를 음미했다.

때 그 경중을 가려 나에게 더 큰 잘못이 있으면 나를 탓하고 타인·타물에게 더 큰 잘못이 있으면 그들을 탓한다. 그런 가운데 일부 훌륭한 인격을 가진 이들은 남에게 잘못이 있는데도 책임을 자신에게 돌리기도 한다. 예를 들어 남으로부터 부당한 욕설을 들었을 때 그 원인을 남에게로 돌려 항의하거나 다투는 사람이 많지만 어떤 사람들은 '내가 참으면 되지.'라는 생각으로 너그럽게 넘긴다.

이상의 논의를 통해서 우리는 불교는 가능한 한 고통의 원인을 자신에게서 찾으려는 철학이라는 것, 그 철학에 충실한 사람이 바람직한 불제자라는 것, 그런 힘을 기름으로써 불제자는 니르와나라는 불교의 최종 목적지를 향해 나아간다는 것을 알 수 있다.

2. 외적으로부터 오는 고통, 내적으로 생겨나는 고통

오늘 이 책을 통해 우리가 읽게 되는 혜성 스님의 시들은 법난과 관련된 시, 삶에 대한 사색적 내용이 담긴 시, 그리고 불제자로서의 바람직한 생각과 태도에 관한 시들로 구성되어 있다. 이중 법난과 관련된 시는 혜성 스님 당신에게도 중요하고 읽는 우리들에게 가장 호소되는 바가 큰 부분이기 때문에 그 법난 시들을 중심으로 하고 다른 시들을 곁들이는 방법으로 혜성 스님의 고백 시가 갖는 의미를 음미하기로 하겠다.

법난 시들은 혜성 스님이 불법적인 구금 상태에서 엄청난 고문과 핍박을 받은 것을 배경으로 쓰여졌다. 국방부과거사진상규명위원회

종합보고서(2007 : 93-94)에 따르면 고문과 핍박은 수사 보조관 4, 5명에 의해 주먹으로 때리거나 발로 차는 등의 폭행으로 이어졌고, 각목으로 오금을 치거나 무릎을 꿇게 한 상태에서 각목을 집어넣고 누르기, 새끼 손가락에 볼펜을 끼워 넣은 상태에서 조이기, 잠 안 재우기 등의 가혹 행위도 다반사로 가해졌다.

먼저, 법난 시들은 그 고문과 핍박이 부당성을 항의한다.

만고 불변의 진리인 부처님의 법이건만
제자들이 못나서 말세를 만나
꿈에도 상상 못할 법난을 만났다.
세상을 이끌어 나갈 불제자가
세상 사람들에게 바람을 맞았구나.
부처님 가신 후 이교도에 의한 법난.
근래 동남아 여러 불교 국가의 공산화에 의한 법난.
내 조국 이 나라에 불교 전래 이래
위정자들로부터 받은 갖가지 법난.
오늘날 우리가 당하는 너무도 뼈아픈 법난.

– 법난

불교를 정화할 자 그 누구냐?
부처님의 법은 만고에 깨끗한데
그 누가 감히 불교 정화를 하려는가?

부처님도 다 못하신 정화를

어느 누가 어떤 방법으로 할 수 있단 말인가?

부처님같이 중생 제도할 큰 원력과 복덕과 깨달음도 없이

그 누가 감히 불법승 삼보에 손을 댈 수 있으리까?

— 불교 정화

또한 시인(스님)은 고문을 받을 당시에 느낀 고통을 단말마적인
절규로써 호소한다.

여보! 선상님! 아프고 한없이 아파요. 잘못했어요. 정말 잘못했어요.

아프고 쑤시고 아프다오.

아무리 빌어도 자꾸 왜 이러세요. 제발 이러지 마세요.

내가 죽을께요. 정말 맞아 죽고 싶지는 않아요.

아무리 아프다고 소리 질러도 소용이 없다.

참고 참고 견디다 못해 또 죽을 힘을 다해 비명의 소리를 질러본다.

그럴수록 가해 오는 채찍은 더더욱 더해 온다.

나를 마치 돌덩이 쇳덩어리로 알고 치고 또 족친다.

살지 못하도록 아니 죽지 않을 만큼 때리고 치며 계속 고문질한다.

이제 아프다 못해 아프다는 말도 끊어졌다.

아직 살아 있으니 아픈 것이지 죽으면 아플 수 있을까?

정말 그 아픔을 참다 못해 기절을 했다.

(…)

나는 이 사바 이 세상에 살고 싶지 않소이다.

지옥이 무섭고 괴로운들 이보다 더 지독하고 가혹할 수 있을까?

– 아파 죽겠어요

시詩는 '언어言의 사원寺'이다. 즉, 언어가 시가 되기 위해서는 승려가 사원에서 수행을 하는 것과 같은 적절한 절제와 사색을 통한 정화 과정이 있어야만 하며, 그 과정을 거친다는 것은 언어의 사용법이 달라진다는 것을 의미한다. 만일 시인이 고통을 당한 경험을 시화詩化할 경우, 시인은 "나는 고통스러워요."라는 식으로 직접 언술言述하는 것이 아니라 "회 뜨는 칼잡이의 도마 위에/ 나는 한 마리 물고기가 되어 누웠었네."라는 등의 간접 언어법을 사용하게 되는 것이다.

그런 의미에서 혜성 스님의 작품 〈아파 죽겠어요〉는 시(문학)가 아니다. 그러나 다시, 그럼에도 불구하고 이 작품은 시이다. 왜냐하면 시는 언어를 직접적으로 진술하느냐 간접적으로 진술하느냐 이전에 '마음이 움직여 일어나는 소리'이기 때문이다. 시인의 목표는 자신의 시를 읽는 이의 마음에 자신이 전하고자 하는 감각·감정을 재현시키는 것인데, 〈아파 죽겠어요〉를 읽을 때 우리 또한 그것이 상당 부분 재현됨을 느낀다.

지성이 부족한 사람에 비해 지성을 가진 사람은 고통이 가해져 오는 순간에도 생각한다. 그러나 그 고통이 극심하고 극심할 경우라면 다르다. 아무리 지성이 높은 사람이라 할지라도 그때에 이르러서는 생각이 마비되어 버린다. 그때 남아 있는 것은 오직 삶은 근본적으로 고통스러운 것이라는 실존적인 사실뿐이고, 그리하여 언어 또한 단순하고도 비지성적인 처절한 절규가 될 수밖에 없다. 〈아파 죽겠어요〉는 고통을 당하던 당시에 쓰여진 것은 아니라 지나간 상황을 지성으로써 충분히 조절할 수 있는 때 쓰여진 것으로 보인다. 그러나 그 당시를 회억하는 것만으로도 시인은 견딜 수 없으리 만큼 고통스러웠다. 그리하여 시인의 진술은 이같은 처절한 절규가 되어버렸던 것이다.

〈아파 죽겠어요〉는 시인에게 가해져 온 첫 번째 고통을 말하거니와 불행하게도 시인에게는 두 번째 고통이 가해져 온다. 언론이 경찰이 덮씌운 혐의를 기정 사실화하여 보도한 것이 그것이다. 시인이 받은 죄목은 부정 축재, 이에 대해 시인은 이렇게 항변한다.

> 날더러 17억 5천만 원 부정 축재를 하였다네.
> 무엇이 부정축재인가?
> 불사를 한 죄밖에 없는데
> 깨끗한 삼보 정재三寶淨財이며 시주물이 청정하다오.
> "오직 청정한 부처님 슬하에서
> 그렇게도 부정 축재를 많이도 하였구나."하며
> 멋 모르는 여러 대중은 비웃고
> 멸시하며 나를 탓하겠지.
> (…)

17억 5천만 원 부정 축재란 그 재산도 알고 보면

그 모두가 부처님 재산이라오.

자랑스런 당신의 제자들이 피땀 흘려 이룩한 재산이지요.

당신의 원력과 가피력으로 성취된 불사들.

어린 싹에게 불심을 심어줄

청담중·고교를 건립하는 데 5억 5천만 원 들어구요.

불쌍한 이들에게 자비심을 베풀어 줄

고아원·양로원 건립하는 데 4억 5천만 원 들었으며,

부처님의 뜻을 펴는 천 이백 년 전법 도량

도선사 부처님 모시는 데 7억 5천만 원 들었지요.

그러하다면 오히려 참 많은 것도 같지마는

사실은 그렇다면 적어서 큰 걱정이며

부정 축재 재산이 더 많으며 좋겠어요

　- 부정축재

　고통의 파도는 거기에서 멈추지 않는다. 세 번째 고통이 밀려온다. 자신이 속한 승단으로부터 체탈도첩이라는 중형을 선고 받은 것이다. 체탈도첩은 '승려에게 가해진 사형 선고'라고도 불리는 견책법으로 중대한 결격 사유를 발생시킨 승려에게 '승복을 벗겨 사원 밖을 추방하는 처벌'이다.

　1980년 11월 8일. 이혜성 체탈도첩.

사문沙門의 사형死刑인 체탈도첩이란다.

이 무슨 과보요 어이된 날벼락인가.

— 체탈도첩

체탈도첩이라는 처벌은 자신과 관계가 없는 제삼자에 의해 가해져 온 첫 번째와 두 번째 고통과는 달리 자신과 관계가 깊었던 소속 집단(조계종)으로부터 가해져 왔다는 점에서 어떤 면에서는 신체적인 고통보다도 큰 것이었다. 25년이라는 기나긴 세월에 걸쳐 그 종단과 사찰을 위해 일해 온 사람인 나를, 부처님이라는 고귀한 스승을 모시는 똑같은 불제자로서 나를 보호하기는커녕 어떻게 이런 처벌을 내릴 수 있단 말인가!

체탈도첩을 당해 사찰에서 추방되는 과정에서 시인은 그동안 호혜로웠던 지인(스님, 불제자)들의 관계가 송두리째 무너지는 절망 상태에 빠지게 된다. 지인들로서는 부정축재를 한 시인이 자신들을 배신한 것이라 여겨지겠지만, 시인으로서는 부정축재를 하지 않은 자신을 부정축재자로 인정하고 처벌한 지인들(도선사의 일부 사람들)이 배신자로 여겨지지 않을 수 없었을 것이다.

인연 따라 만나서 좋아서 웃다가 돌아 서서는 배신을 하다니.

다 같은 사바에서

업보 중생끼리 서로 의지하며 살아도 부족한데

하물며 한 많은 이 세상에서 서로 배신하며 살아야 하나?

참으로 배신을 당해보지 않으면 그 아픔을 누가 알며
배신당하지 않고서야 어찌 인생을 안다 하리?
배신의 그 아프고 가슴쓰린 말 못할 고통이야
당해보지 않은 그 누가 감히 알 수 있을까?

— 배신

이 세상 누구를 믿으리요.
부처님께서도 자네 자신도 믿지 말라 하였던가.
그러나 믿지 않고 어찌 살으리.
믿어서 잘못된들 내 허물이 아니고
믿음을 배신한 저들의 탓이로다.
그렇지만 믿음에 배반당하니 참으로 괴롭도다.
믿고 살 수 없는 사바라 하였지만
그래도 나는 믿으며 살으려 했도다.
하오나 결과는 너무도 엄청난 현실.
하늘이 무너지고 땅이 꺼진 듯.
나의 굳은 믿음은 산산조각이 나 버렸다.

— 누구를 믿으리요

부모 잃은 아이와도 같은 상태.
그 상태에서 시인의 두 눈에서는 눈물이 하염없이 흐른다.

나도 모르게 하염없이 흐르는 눈물.

그래도 메말랐던 눈물이 폭포수같이 흐른다.

울어도 소용 없고 소리내어 울 수도 없으련만

너무도 슬프고 참으로 가슴 아파서

참다 못해 터진 울분에 나도 모르게

한없이 목놓아 마음껏 울고 또 울었다.

(…)

피눈물 흘려봐야 피눈물 흐르는 사람의 마음 알리라.

– 눈물

그러나 시인은 지성인이자 수도자였다. 그 지성과 수도자적 자세는 시인의 언술이 자신이 당한 고통의 원인을 찾기 시작하는 것으로 나타난다.

부처님! 말씀해 주세요.

나는 부처님께 무슨 죄를 지었나요.

가만히 계시지 말고 말씀해 주세요.

부처님! 나는 전생에 무슨 죄를 지었나요.

아니 금생에는 또 무슨 죄를 저질렀나요.

나라에 역적 죄를 지었나요.

– 말씀해 주세요

자신에게 일어난 고통의 원인을 자신이 지은 전생의 죄에서 찾는
다는 것은 고통의 원인을 타인·타물이 아닌 자기 자신에게서 찾는
다는 점에서 이 시의 방향성은 불교의 기본적인 고통의 원인 탐구
방향과 일치한다. 그러나 이미 앞에서 말한 것처럼 이 관점을 전적
으로 견지하는 것은 천만 명에 한 사람밖에는 가능하지 않다. 그리
하여 시인은 타인·타물을 원망하게 되고, 그 원망은 자신의 평생에
걸쳐 존경하고 흠모해 오던 부처님에게까지 미치게 된다.

우리 부처님은 참 너무하셔.
이 중생 외면하시고 모르는 척하시니
부처님께서도 영험이 없으신가 봐.
안 그러시면 왜 가만히 계세요.
언제까지 그렇게 계실 건가요.
정 미우시면 저를 때려 주시고 벌이라도 더 주세요.
아무리 밉고 큰 오역죄 지었다 하더라도
부처님은 언제 어디서라도 나타나셔서
건져 주시고 보살피시며 버리지 않으신다더니,
이렇게 고통받으며
당신을 간절히 찾고 부르며 애원하건만
이제까지 모르는 척 정말 너무하셔요.
당신의 말씀대로 이렇게 참회하고
당신을 찾아도 모르는 척.

귀신도 빌면 들어준다고 하던데
우리 부처님은 단단히 화가 나셨나봐요.
부처님 뜻 항상 지키고
부처님 말씀 하라는 대로 열심히 뛰고 뛰었는데
왜 삐치시고 노여워하시나요.
부처님 정말 원망스럽소이다.

        – 부처님 너무하셔

  그러나 시인은 부처님을 원망하는 데서 시를 끝맺지 않는다. 아
니, 사실 이 말을 한 것은 부처님을 원망하기 위해서가 아니라 그것
을 다음과 같이 반전시키기 위해서였다.

아차 꿈이었구나.
부처님 정말 죄송해요, 또 업을 지었네요.
이제부터라도 정신차려 간절히 기도하면
당신의 손길을 염원하옵고
참고 견디며 기다리면서 업장 소멸하오며
다겁다생 지은 업보 남김없이 참회하오리다.
우리 부처님 자비하신 신통력 영원히 나는 믿고 바라런다.

  이런 식으로 시인의 관점은 배신자들에 대한 원망과 부처님에 대
한 하소를 끝내고 배신이 없는 아름다운 부처님의 세계를 지향해

나아간다.

> 배신 당하고 누구를 탓하여도 이미 때는 늦고
> 지은 업보 다 받으면 영원히 빚을 갚는 법.
> 당하고 보면 오히려 괴로운 내 마음도 후련하도다.
> 다시는 이런 배신의 고통을 받지 않고
> 신뢰하고 살아가는 너와 내가 되게끔
> 우리 모두 믿고 서로 사랑하며
> 열심히 일하고 웃으며 살아가는
> 배신 없는 믿음의 세계를 이룩하자.
> 이것이 부처님의 원력이신 지상 극락세계란다.
>
> ─ 배신

훗날 시인은 자신이 이룩한 수많은 불사佛事가 무너져 내리는 고통을 맞기도 하는데, 그를 바라보며 시인은 그것의 복구를 염원한다.

> 신라로부터 오늘까지 찬란한 천이백 년 역사를 지닌 대도선사.
> 도선 국사의 창건과 청담 조사의 중창에 빛나는 대도선사.
> 칠십만 가족의 뜻이 묻힌 중생의 참회도량 대도선사.
> 이십여 년 동안 생명을 걸고 심혈을 기울였던 대도선사.
> 내 인생의 청춘을 불태웠던 자랑스런 대도선사.

불교 근대화를 위해 뛰고 또 뛰었던 대도선사.

내 뼈와 혼까지도 묻으려던 이 내 보금자리 대도선사.

청담 학원을 탄생시킨 지혜의 대도선사.

혜명 보육원 양로원을 이룩한 대도선사.

세계의곳곳에 불심를 심고 전한 전교의 대도선사.

나와 인연맺어 의지하고 진리 찾으려는 많은 제자를 탄생시킨
대도선사.

수십만 신도들의 신심의 안락처럼 인연맺은 대도선사.

이 모두를 나는 눈물을 머금고 버려야 한다.

아니 그뿐아니라 내 인생과 생명인 25년 승직 승권도 버려야 한다.

하기야 인연이 다하면 언제이고 모두 버려야 하고 떠나지만

이 육신마저도 헌신짝같이 버려야 함을 모르는 바 아니다.

그러나 이 모두와의 이별은 너무도 엄청난 고문으로 나는 당했다.

이 세상 그 어떤 고통과 죽음이 이보다 더할소며 영원히 잊지 못하리.

그래도 살으리라. 죽지 못해서라도 악착같이 살리라.

이 순간 생각하니 내 살림 버리고 남의 살림만 죽치고 하다가
이렇게 쫓겨났다.

때 늦은 이제부터라도 그 모두를 차마 버릴 수 없어 영원히 가지련다.

내 마음으로는 그 모두를 차마 버릴 수 없어 영원히 가지련다.

이 자유마저 이것마저도 어느 누가 감히 뺏을 수 있으리요.

뼈가 에이는 아픔을 보내고 이젠 울지 않고 웃으며 살리라.

불보살의 뜻으로 이룩한 그 모든 인연들과

영원히 함께 밝은 새 날이 올 때까지 정진 또 용맹정진하리라.
나와 인연깊은 여러 불제자님, 정말 죄송하오.
나와 같은 불행한 사람은 다시는 태어나지 마옵소서.
우리 모두 용기를 가지고 영원히 후회 없는 삶을 살아갑시다.
부처님! 용서하시고 용기를 주시옵고 저를 지켜보아 주세요.
언제인가 이 버려야 하는 이 뼈아픔을
이기고서 웃고 또 웃을 그 날이 반드시 있으리.

    – 대도선사를 버려야 하는 뼈아픔

　이런 '뼈아픔'을 '이기고서 웃고 웃기' 위해서는 먼저 '원망'을 버
려야 하고, 그 다음으로는 '참회'를 해야만 한다.

우리는 너나 할것없이 원망을 잘 한다.
그러나 원망한들 무슨 소용 있으리오.
원망한다고 잘된다면 원망만 하고 살리라.
원망이 쌓여 원한이 되고 갈수록 원수 되며,
원망하면 될 일도 아니된다오.
중생이 미혹해서 원망을 되풀이하지.
참사람은 원망을 하라 해도 아니한다.
원래 모두가 알고보면 자기의 잘잘못이지
누가 어찌 내 일을 탓할 수 있을까?
잘 되면 자기의 탓이요, 못 되면 남을 원망한다.

원망 없는 세계는 진실한 믿음의 세계이다.
우리 모두 믿고 살고 원망을 맙시다.
원망을 참고 모든 것 인과로 믿고 참고 살아간다면
모든 원망 사라지고 그곳이 바로 극락세계라네.
행복의 근원은 원망을 없애는 데 있도다.

― 원망

참회가 없다면 인간살이 얼마나 적막할까?
참회하는 죄는 무섭고 더러우나
참회의 그 눈물은 아름답고 깨끗하다.
그러므로 참회하는 자 성자와도 같도다.
세계의 운명은 참회의 길로 얼룩졌다오.
참회의 눈물을 흘려보지 못했다면
참다운 인생을 말할 수 없으리.
부처님께서도 한없는 과거생에 참회를 하셨고
우리에게 참회의 길을 열어 주셨다.
이 길은 참으로 어렵고 험난한 고통의 길이요,
이 길이야말로
영원과 자유를 찾는 길이리라.
참회하면 고통도 근심도 모두 사라지고
맑고 밝은 태양 같은 자성自性을 찾으리다.
참회는 나를 살리고 나라를 깨끗하게 하며

지상 극락 세계를 건설하는 지름길이다.
인류여! 우리 모두 참회하고 남김없이 참회하자.
너도 나도 참회를 웃으며 받아주자꾸나.

– 참회

그리고 마침내 지성인이자 수행자로서의 시인의 마음에 평화의
단초가 보이기 시작한다. 외부로부터 가해져 온 고통의 원인(타인·
타물들·신군부 세력·조계종단과 도선사의 일부 인물들)에 대한 원망(공
격)을 그치고 그들을 이해하고 수용하는 경지로 나아가는 것이다.

나는 용서하리라.
누구나 다 용서하고야 말리라.
그 미운 사람도 용서하고
원수 같은 그대들도 용서하며
나를 죽이려는 그 모든 중생들을
모두 다 마음속 남김없이 용서하리라.

– 용서

너와 나와 만남도 인연이요,
너와 나의 헤어짐도 인연법일러라.
전생에 무슨 인연지어 이렇게 만나고
금생에 무슨 인연으로 이와같이 살다가

내생에 무슨 인연으로 다시 만날 것인가.

만나고 헤어지는 것 모두 다 인연의 법칙.

만나는 게 반드시 좋기도 하고

꼭 헤어지는 것이 나쁘기만 하리까?

무서운 원수도 만나고 다정한 권속들도 헤어지는데

우리는 누구나 사랑하는 것으로 만나고

미워하는 것은 헤어지기를 바란다.

그러나 사랑하는 이별을 자꾸 해야 하고

미워하는 원수는 자꾸 만나야 하는 게 고통스럽다.

이 사바의 산천초목부터 축생까지라도

나와 인연지어져 이렇게 한 세상 살아가는 것은

다 내가 지은 전생의 깊고깊은 지중한 인연이라면,

누구를 미워하고 누구를 사랑하리.

원수의 사랑도 알고보면 다 나의 인연이다.

이제 원수도 내가 지은 인연이라면 미워하지 말고

사랑의 이별도 인연 탓이라며 서러워하지 말자.

이제부터 나쁜 인연은 짓지 말고 좋은 인연 지으면서

인연 따라 웃으며 열심히 살아보자꾸나.

– 인연

이런 용서의 마음은 고통을 당하는 시인 자신보다 오히려 고통을
가하는 그들 편이 더 가엾다는 인식으로부터 일어난다. 그렇다. 불

교가, 그리고 위대한 모든 현자들이 한결같이 말하는 바는 "악행은 타자에게 해를 가하기 이전에 먼저 자신에게 해를 끼친다."는 것이다. 마치 매연 기관이 나빠진 자동차가 대기를 오염시키기 이전에 자동차 자신을 먼저 오염시키는 것처럼.

> 부처님 말씀에 이르기를
> 중생의 모든 짓은 인과응보 역연하다 하셨으니,
> 어리석은 저 중생들아! 참으로 인간이 인간을 어이 심판하며
> 깜깜한 그대가 무엇을 알고 잘났다고
> 누구를 억지로 잡아가려느냐.
> 제발 빌고 비옵나니
> 나의 고통보다 그대들이 참으로 불쌍하고 가엾으니
> 이제 더 이상 그 악한 업일랑은 짓지 마소.
>
> – 악업

그리하려 모든 것을 용서한 시인의 마음은 다시금 정다운 마음으로 예전 자신에게 고통을 가했던 이들에게로 다가가게 된다.

> 오! 보고 싶은 나의 많은 인연들.
> 언제나 만나려나.
>
> – 기다림

여러 깊은 나의 인연들이여,
참으로 감사하고 한없이 죄송하오며 영원히 잊지 않으리.

    – 잊어 주오

고문이라는 극심한 고통이 다가오던 시기, 시인은 철창 안에서
자유를 꿈꾸었었다. 그때 시인은 인생을 감옥에 비유했었다.

나는 달아나려고 발버둥치고
수많은 사람이 잡으려고 온통 난리다.
살기로 죽기로 잘 했다 한들
죽기로 살기로 못했다고 아단이니
어떻게 해야 조화를 이루고 다 좋을손가.
(…)
나는 우주의 감옥에서 자유로이 뛰놀다가
타의로 작은 감옥에 들어왔소.
(…)
중생이여, 업으로 태어났으니
죄 없는 자 그 누구냐?
여기가 사바인데 깨끗한 자 어찌 올까.

    – 감옥

그러나 시인은 '인생 감옥'에서 벗어날 길을 찾기에 이른다. 그

길은 바로 불교, 또는 불보살에 대한 지극한 신심을 갖고 용맹정진
하는 것이다.

이 감옥에서 불보살 님께 예경하면 외면하지 않으리.
성불하면 감옥도 극락이요 구속도 자유며 어느 누가 구속하리.
어서 발심하고 정진하여 이 감옥 저 감옥 모두 타파하여
감옥 없는 극락세계, 우리 모두 천 년 만 년 살고 싶소.

－ 감옥

영원히 대자유를 얻고자 사바에 왔는데
'꿈속꿈'에 얽매여 사생육도 헤매다가
탐진치 삼독에 걸려 오늘 여기 서 있네.
여보시요! 우리는 어디서 왔는가.
또한 어디메로 가야 하나요.
저 하늘에 무심한 구름 따라
한없이 오고 또 가고 몇 억겁이던가?
말없이 서 있는 저 북악산같이
언제나 육도윤회 멈출 것인가.
걸림없이 유유자적한 저 구름과의 대화에서
다겁생에 쌓은 업력의 꿈을 깨워 주고
부동한 저 태양의 말없는 교훈이
한없는 용맹심을 나에게 불러 일으킨다.

깨어나자! 어서 구원의 꿈을 참회하자.

어서 영겁의 업장을 녹이기 위해 용맹정진하자.

이제 자유스런 해탈을 이루기 위해 똑똑히 알았노라.

저 구름이 가고 이 태산이 부동한 도리를 보아라.

삼천대천세계가 모두 미묘한 해탈법이로다.

  – 해탈

그리하여 마침내 시인은 선언하게 된다. 삶을 정의로워야 한다고,
그리고 정의는 반드시 승리한다고. 정의로운 사람은 남을 살리기에
이른다고.

항상 정의롭고 언제나 바른 일 하면

부처님이 알게 모르게 도우신다.

제불보살은 항상 정의 편에 선다오.

  – 부처님이 도우신다

방생방생放生放生 자비방생慈悲放生,

구고구난救苦救難 자유방생自由放生.

잡히어 죽을 목숨 살려주는 부처님 마음.

어리석어 비명에 가는 중생을 건져주는 자비심.

우리는 산 것을 죽이지 않을 뿐아니라 죽어가는 것도 살려준다오.

내가 죽을 때 살려 준다면 얼마나 고마우리.

내 목숨, 네 목숨. 생명은 모두 귀중한 것.

생명에 귀천이 있을손가.

내가 저 중생 살려주면 저 중생도 나를 구한다.

금생에 못하면 내생에라도 은혜갚는 인과의 법칙.

너도 나도 중생을 죽이지 말고

우리 모두 죽어가는 것을 살려줍시다.

미물 중생 물고기 새 한 마리도 살려주면

제불諸佛이 즐거워하시고 무량수복 내려주신다오.

웃으며 즐겁게 모두 함께 방생하여

수희공덕 누리고 부귀영화 행복하세

– 방생

3. 결어結語

혜성 스님은 기본적으로 문학·예술인인이 아닌 승려·수행자이다. 따라서 우리는 이분이 남긴 시에서 문학적인 면을 고찰하기보다는 그 수행자로서의 면을 더 심도있게 읽을 필요가 있다. 그 점에서, 우리는 처음 불교 철학이 고통의 원인을 자신에게서 찾는 기반 위에서 있음을 보았거니와 마지막에 이르러서는 불교 수행을 통해 마음이 너그러워진 사람은 자신의 내부는 물론 외부로터 다가오는 상황을 크나큰 마음으로 넉넉하게 수용할 수 있다는 것 또한 보았다.

이로부터 우리는 10·27 법난이라는 중대한 국가 폭력 사태를 다

룸에 있어서 정치·사회적으로 그 외적인 면에서의 부당성을 비판하고 그런 일이 반복되지 않는 길을 모색해야 함을 전제로, 수행·예술 면으로는 우리 자신의 내면을 지적, 정서적으로 보다 순화하고 승화함으로써 용서와 화해의 지경으로 나아가야 한다는 결론을 내리게 된다.

1937년	7월 5일(음력 5월 27일) 경북 상주시 모서면 토안리 433번 지에서 이유현(승택) 거사와 이태임 보살의 장남으로 출생. 본관 영천 이씨. 속명 근배根培.
1950년	경북 상주 모서초등학교 졸업.
1953년	경북 상주중학교 졸업.
1956년	대전공업고등학교(현재 대전산업대학교 → 한밭대학교). 상주 원적사로 입산해 팔공산 파계사 성전암을 거쳐, 삼각산 선학원에서 청담 대종사를 은사로 모시고 출가.
1957년	청담 대종사에게 득도. 법명 혜성慧惺. 종정 동산 스님에게 사미계 수지. 불교정화운동 불사에 참여.
1961년	도선사 삼각선원에서 청담 대종사 회상에서 하안거 성만.
1962년	금정산 범어사에서 종정 동산 스님에게 비구계및 보살계 수지.

1963년	실달승가대학 대교과 수료(강주 : 청담 대종사).
1964년	동국대 불교학과 졸업. 청담 대종사가 도선사 주지 재임 시 재무로 역임하며 호국참회원 건립 주도. 청운당 철거 백운정사로 신축 주석.
1965년	도선사 주지 역임. 석불전 1차 확장불사 준공.
1966년	도선사 독성각 신출불사 회향.
1967년	도선사 삼각선원에서 2하안거 성만 (청담, 성철, 서암, 법전 스님).
1968년	동국대 대학원 불교학과 졸업. 석사학위 취득.
1969년	조계종 총무원 재정국장.
1970년	세계평화촉진종교지도자 대회 한국대표로 참석(일본). 도선사 전화 전기 불사 성취. 청담 대종사를 보좌해 도선사 진입로 청담로 개설 도로포장 불사 성취. 세계불교지도자 조직위원회 재정부장(성공적으로 소임 완수). 주간 〈도선법보〉 창간(전국 사찰 최초).

1971년	조계종 제3대 중앙종회의원 당선. 청담 대종사 열반(사리 8과 출현). 도선사 천불전 불사 회향.
1972년	동국대 대학원 불교학과 박사 과정 수료. 청담 대종사 기념사업회장 역임. 도선사 안양암 신축불사 회향. 안양암 주차장 완공(약 1000평). 도선사 청담로에 자비무적 방생 도량, 천지동근 만물일체 일주석 건립.
1973년	주간 〈도선법보〉 사장 취임. 불교사회문제연구소 건립. 소장 취임. 조계종 중앙포교사 역임. 첫 수상집《자비무 적》간행. 청담 대종사 사진첩《아! 청담 큰스님》발행.
1974년	조계종 총무원 사회부장 역임(4년). 조계종 국제포교사 역임. '대한불교신문(지금의 불교신문)' 편집간사 역임. 새 마을훈장 근면장 수상. 청담 대종사 저서《마음》,《선》, 《혼자 걷는 이 길은》,《마음의 노래》,《새마음》등 8권 간행.(간행위원장)
1975년	도선사 제3대 주지 취임. 팽성중학교를 인수하여 학교법 인 청담학원으로 개편. 새 교명 청담중학교. 당해 법인 이사장 취임. 동국대 불교대 강사(14년간 사찰관리론 강의). 국방부장관 표창(호국불교 선양 공적). 문화공보부장관 표 창(도선사 전국 최우수 사찰관리 선정). 종정예하 표창(청담 대종사기념사업회에서 청담 대종사 사리탑 불사회향 공로). 청 담중학교 현관에 석가모니불 입상(높이 4미터) 건립.

1976년	청담 대종사 사리탑 비명 건립. 김기용 보살이 운영하던 보육원을 인수하여 사회복지법인 혜명복지원(보육원)으로 개편 도선사에서 운영. 혜명복지원 이사장 취임. 제11차 세계불교대회 한국대표단 단장으로 참석(태국 방콕). 스리랑카 반다라게이르 수상을 만나 불교를 통한 국교 개설에 헌신적 공헌. 스리랑카 부처님오신날 행사 참석. 한국 스리랑카 협회 초대 회장. 부처님 탄생지 룸비니 개발 한국위원회 사무총장. 학교법인 청담학원 불교 교과서 《자비》,《정진》,《지혜》,《정각》,《광명》 편저 간행. 1977년 대한적십자사 중앙위원회 조직위원. 청담 대종사 석상 조성, 점안불사 회향.
1978년	한국반공연맹 불교지부장. 수상록 《이 마음에 광명을》 간행. 월간 〈여성불교〉 창간 발행인.
1980년	대한불교총연합회 이사장 취임. 신군부가 자행한 10·27 법난으로 고초. 도선사 주지직에서 강제 퇴임.
1981년	한국종교인협회 상임이사.
1982년	한일불교교류협의회 상임이사. 학교법인 형석학원 이사 취임.
1983년	세계불교도우의회 한국지부 이사장. 미국 버클리 대학 초청으로 미국 교육계 시찰.

1984년	평택시군 불교단체연합회장(10년간) 역임.
1985년	호국지장사 주지. 청담종합고등학교 교장.
1987년	학교법인 청담학원 법당 '청담정사' 건립 준공.
1988년	중앙승가대학장 취임. 서울 개운사 주지 역임. 제9대 중앙종회의원 당선(교화분과위원장). 학교법인 승가학원에 교지 6000여 평 등기(교육부에서 학교법인 승가학원으로 기증, 승인).
1989년	봉은사 회주. 중앙승가학원 상임이사. 청담종합고등학교 명예교장.
1990년	중앙승가대 학장 재임. 중앙승가대 4년제 대학학력 인정 각종학교 인가. 학교법인 금강학원 영동공과대 이사 선임. 호국지장사 진입로 개설 포장불사 회향.
1991년	삼전종합사회복지관장 역임. 조계종 교육심의위원.
1992년	제10대 중앙종회의원 당선. 학교법인 청담학원 이사장 재취임. 호국참회 기도도량 삼각산 도선사 회주 추대.
1993년	불교방송국 이사. 중앙승가대 김포학사 부지(약 5만 평) 소유권 학교법인 승가학원으로 등기이전 완료.

1994년	불교텔레비전 이사. 서구문명의 발생과 그리스, 이집트 등 유럽, 아프리카 기독교 성지 순방. 호국지장사 회주 추대.
1995년	신당어린이집 위탁 관리. 사회복지법인 혜명복지원 부설 청담종합사회복지관장 취임.
1996년	불교사회문제연구소 개편하여 청담사회복지연구원 개원 원장 취임.
1997년	학교법인 청담학원 명예이사장. 사회복지법인 혜명복지원 명예이사장, 화갑기념 불교문집《이 마음에 광명을》발간.
2012년	10월 도선사 청담 대종사 문도회 문장門長 추대.
2015년	9월 조계종 법계위원회 대종사 품수 전형.
2015년	10월 조계종 원로회의 대종사 법계특별전형 심의.
2016년	4월 대종사 법계 품수.
2018년	7월 25일 오후 12시 20분 경 서울 도선사 염화실에서 원적. 법랍 62년, 세수 82세.

군화에 짓밟힌 법당

초판 1쇄 인쇄일 2020년 9월 29일
초판 1쇄 발행일 2020년 10월 5일
지은이 혜성 스님
펴낸이 김형균
펴낸곳 동쪽나라
등록 1988년 6월 20일 등록 제2-599호
주소 서울시 강동구 고덕동 62길 55 3003호
전화 02) 441-4384

값 10,000원
ISBN 978-89-8441-279-8 03220